Ensayos InterAmericanos

Volumen 4

Editores | Herausgeber

Wilfried Raussert
Center for InterAmerican Studies, Universidad de Bielefeld
Olaf Kaltmeier
Center for InterAmerican Studies, Universidad de Bielefeld

Julia Roth

¿Puede el feminismo vencer al populismo?

Avances populistas de derecha y contestaciones interseccionales en las Américas

¿Puede el feminismo vencer al populismo? Avances populistas de derecha y contestaciones interseccionales en las Américas.

Autor: Julia Roth
Ensayos InterAmericanos, Vol 4
Bielefeld: Kipu-Verlag, 2020

Print ISBN: 978-3-946507-47-5
ISBN E-Book: 978-3-946507-48-2

Diese Publikation wurde unter Verwendung der vom Bundesministerium für Bildung und Forschung (BMBF) bereitgestellten Mittel veröffentlicht.

Cover Image: Maria Tomeczek

Kipu-Verlag
c/o
Center for InterAmerican Studies (CIAS)
Universität Bielefeld
PF 101131
33501 Bielefeld, Deutschland
http://www.uni-bielefeld.de/cias/

A Polly Luz, la próxima generación.
For the people hear us singing:
Bread and roses, bread and roses.

Contenido

PARTE I

1. Avances populistas de derecha y contestaciones feministas

Foto no. 1: Palácio do Planalto. Encuentro entre Jair Bolsonaro y Donald Trump - intercambio de camisetas. Marzo 2019. Wikimedia Commons.

1.1. Avances populistas de derecha

Poco antes de las elecciones presidenciales en los Estados Unidos en octubre del 2016 el candidato republicano Donald Trump, acaparó los titulares a causa de la difusión de un video del año 2005 en el que Trump hacía comentarios sexistas en una entrevista concedida al presentador de televisión Billy Bush. En el video, ahora conocido como *Access Hollywood Tape* o "grabaciones del programa Access Hollywood", Trump se jactaba del poder que tenía sobre las mujeres y hacía referencia a sus prácticas de agresión sexual diciendo que a las mujeres había que "agarrarlas por la vagina" (*grab them by the pussy*). El video fue publicado por el Washington Post y causó una indignación general desencadenando un debate público. Las reacciones entre los republicanos fueron variadas. A pesar del escándalo,

Donald Trump fue elegido poco después como el presidente nro. 45 de los Estados Unidos de América. Después de su elección, fue acusado de numerosos casos más de abuso o violencia sexual. Ninguna de esas acusaciones le ha perjudicado seriamente hasta el momento.

Durante la campaña electoral de 2018 en Brasil, Jair Messias Bolsonaro, candidato presidencial por el partido de derecha Partido Social Liberal (PSL), también acaparó los titulares debido a sus comentarios sexistas. Uno de los más citados en aquel momento fue el que le hiciera a la diputada federal, María do Rosário en la Cámara de Diputados en el año 2003, a quien le espetó que nunca la violaría, porque tratandóse de ella, no valdría el intento (McLoughlin 2019). También se citó a Bolsonaro por haber afirmado que había tenido una hija "en un momento de debilidad", después de haber tenido cuatro hijos varones. Muchos de sus comentarios fueron considerados como expresiones que justificaban por un lado, la brecha salarial entre hombres y mujeres y por otro el sexismo, o que incluían expresiones abiertamente homofóbicas y racistas (Uchoa 2019). No es de extrañar que los medios de comunicación pronto se refirieran a Bolsonaro como el "Trump de Brasil" (McLoughlin, 2019) o el "Trump tropical" (The Daily Mail 2018). A pesar de tales declaraciones abiertamente hostiles, Bolsonaro fue elegido presidente en la segunda votación, en octubre de 2018 y asumió el cargo el 1 de enero de 2019.

Cuando Bolsonaro fue a visitar a Trump en los Estados Unidos el 19 de marzo del 2019, hizo énfasis en su propósito de luchar -al igual que Trump- contra el flagelo de lo "políticamente correcto", de las "noticias falsas" y de la "ideología de género".[1]

[1] Si no está indicado de otra manera, todas las traducciones son de Julia Roth (J.R.) y César Limaylla Bustamente (C.L.B.).

1.2. Contestaciones feministas

El 21 de enero de 2016 -el mismo día en el que se celebró la toma de posesión de Donald Trump como presidente de los Estados Unidos-, 700.000 personas participaron de la "Marcha de las Mujeres" en Washington. Entre ellas, se encontraban diversas personalidades que iban desde activistas como Angela Davis hasta políticos como Bernie Sanders e incluyeron también al cineasta Michael Moore, a la cantante y actriz Madonna, a las actrices America Ferrera, Scarlett Johansson y a la cantante, compositora y actriz, Janelle Monáe. Más de un millón de personas marcharon por todo el país y se organizaron 670 manifestaciones en todo el mundo (véase www.womensmarch.com, The Women's March Organizers and the mass media company Nast 2018. En adelante WMO). Bajo el hashtag *#NotMyPresident* o #NoEsMiPresidente, centenares de personas pronto se unieron para oponerse a la elección de Trump desde diferentes puntos del país, y el 20 de febrero del 2017 fue incluso instituido como el *Not My Presidents Day* o "Día de No Es Mi Presidente". Desde entonces, el movimiento ha generado acontecimientos anuales, como ha quedado demostrado con las movilizaciones de enero del 2019. En noviembre de 2017, las organizadoras de la Marcha de las Mujeres lanzaron el primer Congreso Nacional de Mujeres de los últimos 40 años en Houston y muchas otras seguidoras que luchan contra la violencia racista, sexista y homofóbica, han participado en movimientos de base con el objetivo de nominar a otros candidatos para las elecciones de medio término y para las federales de 2018 y de 2020, respectivamente. Muchas de ellas participaron asimismo en las Huelgas Internacionales de Mujeres, el 8 de marzo.

La campaña electoral de Jair Bolsonaro en Brasil también fue acompañada por una amplia resistencia feminista (ver Darlington 2018). Bajo el lema *#EleNão* (#ÉlNo) y *#MulheresContraBolsonaro* (Mujeres contra Bolsonaro), principalmente feministas afrobrasileñas, movilizaron inmensas protestas en línea y en las calles en contra de este candidato abiertamente sexista, misógino, homofóbico y racista. El fin de semana anterior a la primera vuelta electoral del 7 de octubre, decenas de miles de personas participaron en marchas por todo el país en lo que fue la mayor manifestación callejera organizada por mujeres en la historia de Brasil (Kaiser 2018). También se organizaron marchas en otras grandes ciudades del mundo, entre ellas Lisboa, Londres y Berlín bajo el lema "#EleNão - Brasileños contra el fascismo" (ver *#EleNão*). Después del asesinato de la política afrobrasileña abiertamente homosexual Marielle Franco en marzo de 2018, comenzó a gestarse un sólido contra-movimiento feminista bajo el lema ¡Marielle presente! que ahora forma parte de un movimiento más amplio contra el acoso sexual, el sexismo y la discriminación. Las recientes Huelgas de Mujeres llevaron las protestas un paso más allá.

Foto no. 2: Mobilus In Mobili. Marcha de las mujeres en Washington. Enero 2017. Flickr.

Foto no. 3: Brasil de Fato. Mujeres en Milán, Italia protestando en contra de Bolsonaro. Septiembre 2018. Flickr.

1.3. Tendencias de derecha

Tanto la elección de dos presidentes abiertamente misóginos y sexistas como las protestas que su éxito provocó, indican que está en pleno desarrollo una lucha cultural por el poder, la representación y la definición, así como por la defensa de la diversidad y de la solidaridad. Y el género –o, mejor dicho, la denuncia sobre los conceptos de género y feminismo– es uno de los campos centrales en los que se desarrolla esta lucha. Birgit Sauer subraya que si bien las ideologías de género siempre han sido importantes para los actores de derecha, "sólo recientemente una estrategia basada en el género ha pasado a la vanguardia de (...) los actores populistas de derecha (europeos)" (Sauer 2017, 1, traducciónJ.R.). Trump y Bolsonaro se oponen a las políticas de acción afirmativa que sus predecesores introdujeron y apoyaron, y ambos adoptan una clara postura en contra de la diversidad sexual en la educación. Además, ambos atacaron a sus predecesoras o competidoras –Hillary Clinton y Dilma Rousseff, respectivamente– tratando de minimizar y ridiculizar a aquellas primeras mujeres que se propusieron llegar a la presidencia. Al mismo tiempo, sin embargo, tanto Donald Trump como Jair Bolsonaro movilizaron a mujeres que simpatizaban con su causa, aparentemente conscientes de que podría ser un paso estratégicamente útil y necesario en la constelación actual. Los candidatos presidenciales populistas de derecha intentan naturalizar un discurso regresivo, racista y sexista que también se va infiltrando en otras fuerzas políticas y sociales del país. Es notable que estas luchas se centren en el género, a pesar de que éste está siendo interpelado de maneras muy diferentes. Trump y Bolsonaro sirven como ejemplos de casos extremos para comprender contextos más amplios que van más allá de sus personajes públicos y, que muestran tendencias y transformaciones que muchas sociedades están enfrentando actualmente.

Es por ello, que este ensayo se centrará principalmente, pero no exclusivamente– en estos dos casos particulares para discutir los patrones similares así como las respectivas diferencias que pueden identificarse como culminación de un proceso o como un indicador de tendencias actuales. La escena epistemológica en torno al género constituye así –una vez más– un "campo de batalla" (abierto) y un espaciofundamental a intervenir en la discusión pública. Por eso es tan oportuna y urgente una discusión sistemática sobre de las maneras en que el género proporciona un escenario propicio para las agendas populistas de derecha, pero también para la resistencia y para las narrativas emancipatorias. El presente ensayo intenta ser una intervención en este nuevo campo emergente. Busca reunir enfoques y voces existentes que contribuyan a dar una primera visión general y a desarrollar un conjunto de herramientas para analizar cómo el populismo de derecha articula los discursos haciendo uso del género.

1.4. Algunos apuntes iniciales sobre populismo

En el curso del reciente ascenso del populismo de derecha, las políticas de género de los actores populistas de derecha se articulan de maneras muy diferentes y es esclarecedor comparar estrategias particulares. En Europa central y septentrional, algunas variaciones de las políticas de género progresistas son incluidas y, a menudo, son apropiadas por los partidos populistas, mientras que en los países de Europa oriental los populistas se oponen a las posiciones feministas y a las políticas de género. Esto puede observarse por ejemplo en las recientes acciones políticas contra el derecho al aborto legal (en Polonia) o en la abolición de los estudios académicos de género (en Hungría). Al mismo tiempo, muchos partidos políticos populistas presentan figuras de liderazgo femeninas para ocupar puestos de alto rango y algunas no se oponen (¿o incluso representan?) a modelos alternativos de género/familia. De esta manera, es posible observar un conjunto de paradojas dinámicas que se dan simultáneamente. En los EE.UU. y Brasil, sin embargo, no vemos tantas figuras de liderazgo femenino. Trump tuvo a Sarah Sanders, Hope Hicks, Kierstjen Nielsen, Nikki Haley, Betsey DeVos, Gina Haspel, Omarosa Manigault y, por supuesto, a Ivanka; y Bolsonaro, a su actual ministra de la familia, Damares Alves, etc. El feminismo se sitúa en oposición al Trumpismo o a las políticas de Bolsonaro.

Las Américas, en particular, ofrecen ejemplos para un buen estudio de caso que permite delinear las principales tendencias o los principales aspectos de los entrelazamientos entre el populismo de derecha y el género. Por un lado, muchos estudios ubican el origen del populismo (al menos percibido como un fenómeno de masas, ya que los movimientos populistas ya se pueden observar en el siglo XIX en los EE.UU. y en Europa del Este-, ver Mudde y Kaltwasser 2017) en el contexto latinoamericano., La mayoría de ellos identifica al peronismo en Argentina como un modelo. El rol de Evita Perón en el éxito del peronismo, particularmente entre el electorado femenino, indica el papel crucial que ha tenido el género para la lógica populista. Por otro lado, los ejemplos actuales de los actores populistas en ciertos lugares de las Américas -por ejemplo, en Brasil y en los Estados Unidos, permiten reconocer diferencias, pero también similitudes estructurales de los populismos ligados a un contexto particular.

El campo de investigación sobre el populismo de derecha ya se ha establecido y se está expandiendo muy rápidamente (ver, por ejemplo, Taggart 2000, Canovan 2002, Laclau 2005, Mudde y Kaltwasser 2013). Algunas nociones como "el populista de la época o Zeitgeist" (Mudde 2004), "la ideología débil" (Mudde), "la democracia antiliberal" (Zakaria 1997) y observaciones tales como la singular brecha de género en el comportamiento de los votantes, se han vuelto de conocimiento público. Sin embargo, mientras que el auge mundial de los partidos y de los líderes populistas de derecha, del antipluralismo, del antielitismo y del antigénero han conducido a una proliferación de teorías sobre el populismo, la función del género en y para el populismo "permanece en gran parte poco estudiada", como afirma Sahar Abi-Hassan (2017) en su contribución al *Oxford Handbook on Populism* (En este sentido, Abi-Hassan menciona a Kampwirth 2010, Sperlings y Zaslove 2015 como excepciones).

Este ensayo se centra en la relación entre estos dos campos de investigación y parte del supuesto de que un enfoque desde el género en torno al populismo no sólo enriquecerá el campo de estudio, sino que puede proporcionar un parámetro innovador para una reevaluación del fenómeno y de la teorización sobre el populismo (de derecha). El ensayo persigue así un doble objetivo: en primer lugar, examinar la lógica y la función del género en el populismo (de derecha) para reevaluar el fenómeno y ampliar la teorización hacia formas más complejas de descripción y análisis, y, en segundo lugar, delinear espacios y prácticas de resistencia que también se basen en políticas de género (o, en todo caso, hagan de la resistencia al antisexismo el punto de partida de su acción). Sobre la base de la observación del surgimiento simultáneo de fuertes movimientos feministas en muchos lugares donde también puede observarse una fuerte tendencia populista de derecha, el ensayo reconoce el género, el antisexismo y el feminismo interseccional como modos de cuestionamiento y de resistencia frente a las fuerzas populistas de derecha y a otras fuerzas similares neoconservadoras y fundamentalistas, con el objetivo de proporcionar un primer marco para una discusión más profunda sobre las interacciones entre el populismo de derecha y el género.

Enfocarse en el papel que desempeña el género en los discursos populistas (considerando que el populismo no sólo está radicalizado en la actualidad, sino que también está influenciado por el género de una manera muy particular), permite analizar algunas de las particularidades centrales de las lógicas del populismo actual. Desde una perspectiva europea, donde el llamado anti-genderismo (entendiéndose esto como la oposición al concepto de género y sus estudios, así como en contra del activismo LGBT), abarca los más "encubiertos" y complejos entrelazamientos entre el género y el populismo de derecha (Kuhar y Patternotte 2017) –desde las posiciones abiertamente hostiles en Polonia o Hungría hasta posiciones que subrayan la superioridad de la cultura propia para promover una defensa cultural-racista frente a la migración musulmana como en Alemania, Austria o en los Países Bajos), este ensayo examina cómo funcionan las retóricas en torno al género en los contextos brasileño y estadounidense. Como muestran los ejemplos introductorios, el discurso populista es abiertamente más sexista y racista en estos países. En todos los casos, el "genderismo" (y, en parte también el "feminismo") se construye como enemigo interno del "pueblo puro" / de la población autóctona / (tanto del hombre como de la mujer promedio), mientras que la cultura "propia" es ensalzada como la más civilizada y emancipada. Asimismo, argumentos relacionados con el género, la raza y la política sexual se constituyen en armas discursivas en en defensa de la hegemonía cultural. Gayle Rubin (1984) ha argumentado que la sexualidad es a menudo el campo de batalla de otros conflictos sociales, que funcionan en forma de "pánicos morales", movilizados por las fuerzas conservadoras para socavar los logros liberales, "desplegar las ansiedades sociales" y "descargar su correspondiente intensidad emocional" (267). A partir de lo expresado por Rubin, el trabajo de Gabriele Dietze incluye no sólo la intersección entre la sexualidad y el género sino también la intersección que éste tiene con la raza (2017, 17). En este ensayo, Dietze se pregunta cómo los actores populistas comunican los temas sociopolíticos y culturales a través del género y por qué el género –en su versión interseccional (de "intersecciones")– parece ser una plataforma particularmente adecuada para llevar a la arena pública temas como la demografía, la anti-inmigración, la pertenencia nacional, la ciudadanía, la (re)distribución, etc.

Las normas de género y las relaciones de género fueron también uno de los campos de lucha frente a la discriminación y la hegemonía en las décadas de 1960 y 1970, y es en este campo donde se alcanzaron numerosos éxitos que van desde la integración de un mayor número de mujeres en el mercado laboral a una mayor variedad de modelos familiares y diversidad sexual. A partir del éxito de los movimientos sociales emancipadores del siglo XX -también conocidos como la "revolución sexual"- jerarquías y órdenes tradicionales en torno al género han sido desafiados y transformados en pos de la aceptación de sociedades mucho más diversas. Por lo tanto, no es una coincidencia que el género sea evocado una y otra vez como marco para una gran variedad de temas, particularmente por populistas de derecha, católicos conservadores, evangélicos, o miembros de iglesias pentecostales que conforman en conjunto un complejo populista de derecha (CPD).

Los partidos populistas de derecha consideran las políticas reproductivas y de familia como un campo epistemológico clave para la política y están fuertemente influenciados por concepciones cristianas conservadoras en torno a la moral y a la ética, así como por fundamentalismos católicos y protestantes. Sin embargo, no basta con reducir estos fenómenos (y la observación de los mismos) a una mera reacción misógina y conservadora, ya que las formas en las que la lógica y el discurso populistas de derecha se entrelazan con ideas de género son más complejas y además, multidimensionales. Para la autoconcepción de los actores de los partidos populistas, los órdenes tradicionales de género y la familia nuclear heteronormativa juegan un papel fundamental, como puede observarse cada vez más en una ola de las llamadas campañas "anti-género" en Europa y en las Américas (Colombia, Brasil) así como en las campañas de acción anti-afirmativa (EE.UU., Brasil) y en los muchos intentos de o impedir el acceso al derecho al aborto legal (Argentina, EE.UU.) o en las campañas en contra de homosexuales y de personas transgénero (Brasil).

En clara contradicción con esta importante tendencia, vemos tanto en Europa como hasta cierto punto en los Estados Unidos, una forma de "nacionalismo sexual" (Mepschen y Duyvendak 2012), que destaca la presunta emancipación sexual de los habitantes "legítimos" a través de la narrativa de un supuesto atraso sexual de ciertos sectores de la población compuestos por inmigrantes musulmanes, refugiados, africanos o afrodescendientes (y, en las Américas, por los indígenas). Algunas de estas tendencias se vinculan a una cierta "fatiga de emancipación" (Dietze 2019), lade las mujeres que se sienten agotadas por la continua presión de tener que "manejarlo todo", mientras prevalece la división del trabajo por género. Percibido como una "práctica de interpelación" (Stegemann 2017, 41) que se ajusta a diferentes estilos de comunicación que dependen de la situación histórica y política, para los actores de derecha, el populismo puede funcionar como un desahogo o descarga. Como se verá en este ensayo, el género proporciona una dimensión fundamental para esta lógica interpelativa, particularmente también en los discursos desde los medios de comunicación por parte de o sobre los actores populistas. Esta es una lógica que es altamente compatible con las lógicas de los medios masivos y, cada vez más, con las de las redes sociales. Según Stegemann (2017), el odio populista de derecha apunta hacia el mundo liberal y a sus valores políticos y culturales, y resta atención a un análisis de la economía (neo)liberal y de las desigualdades relacionadas con ella (131). Al transferir las desigualdades y las jerarquías económicas y globales a la jerarquía (establecida y binaria) de género, las primeras se naturalizan y, por lo tanto, se "adhieren" las narrativas aceptadas y a los imaginarios de pertenencia en torno al género y la raza. Si el género funciona como plataforma decisiva para comunicar y negociar objetivos populistas de derecha, como se afirma en este ensayo, ¿es entonces a partir de las perspectivas/posiciones feministas y de género que pueden surgir eficazmente la resistencia y las contra-narrativas?

Asumiendo que las protestas actuales apuntan al potencial del antisexismo para crear alianzas estratégicas contra el populismo de derecha, la segunda parte de este ensayo examina las formas en que los actuales movimientos feministas, que se definen a sí mismos como "interseccionales", sirven como una fuerza sociopolítica contra la reciente tendencia conservadora y populista de derecha, contra la neoliberalización y el individualismo (la des-solidarización) en amplios sectores de las sociedades en las Américas (y en el mundo). De acuerdo a los conceptos formulados por Judith Butler en su último libro, , *Notes Toward a Performative Theory of Assembly* (2015), en la segunda parte de este ensayo se indaga si y en qué condiciones, los actuales movimientos feministas interseccionales son capaces de adoptar y llevar a cabo formas de solidaridad radical. Se analizan cómo los actuales movimientos están llevando a cabo "formas incorporadas de unificación" para oponerse en forma conjunta y contundente a las fuerzas políticas y económicas destructivas. Esto implica la creación de un nuevo sentido de "pueblo" de carácter interdependiente que va más allá de las lógicas excluyentes del populismo de derecha y, por lo tanto, del espacio público y de la democracia/sociabilidad. En relación al escenario contemporáneo de los movimientos feministas en el contexto de las políticas populistas de derecha en las Américas, vemos cómo el feminismo/género funciona como una plataforma para la resistencia y para la construcción de contra-narrativas frente a las mencionadas tendencias populistas de derecha y los posibles efectos que éstas (puedan) tener.

En términos históricos, teniendo en cuenta la larga experiencia con múltiples ejes de desigualdad y resistencia en las Américas, este ensayo se pregunta si dicha historia ha redundado en una sensibilización especial para las "interseccionalidades" (ver, por ejemplo, Shepherd 2008 y 2011, Shepherd, Brenton, Bailey 1995, dos Santos 2007). Los recientes feminismos "interseccionales" en las Américas nos remiten a siglos de confrontaciones y cuestionamientos relacionados con ejes de opresión y a voces procedentes principalmente de grupos y movimientos sociales marginados, que se alzaron en contra. Es por ello que en una segunda etapa, este ensayo busca arrojar luz sobre los revitalizados movimientos feministas de Argentina, Chile y Brasil, así como de México y de los Estados Unidos, que persiguen una política cada vez más "interseccional" para contrarrestar impulsos sexistas, racistas y homofóbicos.

Finalmente, este ensayo plantea una discusión sobre los puntos en común y las diferencias, sobre los límites y las posibilidades de las estrategias y sobre los programas de los nuevos movimientos como espacios discursivos, epistémicos y políticos de lucha contra los crecientes fuerzas políticas por parte y de actores patriarcales y racistas en base a publicaciones recientes (libros, blogs, sitios web, videos) y entrevistas con representantes de movimientos específicos (Marcha de las Mujeres en San Francisco y Nueva York; ¡Ni Una Menos!, en Argentina; y movimientos feministas, en Brasil). En este sentido, ¿de qué manera la larga experiencia de confrontación feminista en las Américas proporciona a los movimientos feministas de hoy las herramientas para oponerse a las corrientes conservadoras y de derecha actuales? ¿Hasta qué punto los movimientos feministas interseccionales pueden contribuir al pensamiento, al imaginario y a la creación de otras formas de comprender lo social?

2. Trayectorias y definiciones en torno al populismo

2.1. Los primeros populistas de los Estados Unidos

En términos generales, el populismo puede ser visto como un fenómeno moderno que surgió en los EE.UU. y Rusia en el siglo XIX. El populismo ha sido más predominante en las democracias de Europa y de las Américas, donde se ha manifestado de formas muy heterogéneas: de izquierda o de derecha, conservador o progresista, religioso o laico. La larga historia de la movilización populista, que comenzó con las revueltas agrarias, dieron lugar a transiciones económicas y sociales, y las primeras formas de populismo se caracterizaron por su surgimiento espontáneo. Desde los primeros populistas provenientes de los campos en el siglo XIX, hasta los movimientos *Occupy* y *Tea Party*, los populismos estadounidenses se han caracterizado por su movilización a escala regional así como por un débil nivel de organización/institucionalización (Mudde y Kaltwasser 2017, 22-23). A fines del siglo XIX y principios del XX en los Estados Unidos, los proyectos de infraestructura tales como la extensión del sistema ferroviario y las transformaciones económicas, afectaron especialmente a las zonas rurales. En este contexto, los llamados "populistas de los campos" consideraron a los agricultores libres e independientes de ascendencia europea como "el pueblo", en oposición a una "élite" de banqueros y políticos del Norte que no producían nada. A pesar de que esas primeras ideas desaparecieron a principios del siglo XX, teóricos del populismo como Cass Mudde y Cristóbal Rovira Kaltwasser (2017) ven el retorno del populismo "como una venganza" (24) del período de la Guerra Fría, particularmente en forma de movimientos de masas de derecha en contra de las ideas amenazadoras de la izquierda. Según Mudde y Kaltwasser (2017), el comunismo y el fascismo, aunque "flirtearon con el populismo", fueron más elitistas que populistas ya que exaltaron al líder, y a la "raza" (o al Estado o al partido) más que al pueblo (33). En este contexto, en los EE.UU., los "verdaderos" patriotas estadounidenses que conformaban el *heartland* (el "corazón" del país) esdecir, la población supuestamente "autóctona") constituían "el pueblo", mientras que "la élite" de las zonas costeras (del noreste) apoyaban las ideas socialistas y "antiamericanas" y promovían la redistribución de la riqueza entre una subclase no blanca que no lo merecía. La dimensión radical se hace particularmente obvia aquí, ya que "el pueblo" estaba acorralado entre una élite corrupta y una subclase racializada (24). En los años sesenta, la noción de "enemigo interno" pasó de ser comunista a ser empleada para referirse a los activistas que defendían los derechos civiles y, más adelante, en los setenta, a los "jueces activistas" y académicos. La narrativa giró hacia el imaginario del "estilo de vida americano", el cual estaba siendo atacado desde adentro por una "élite liberal" –encarnada por feministas y partidarios de la acción afirmativa– que apoyaba costosas medidas de un estado benefactor y concedía "privilegios especiales" a minorías que no lo merecían (25). Los migrantes, a su vez, fueron se percibían como una amenaza externa para la riqueza, el estilo de vida y la seguridad del *heartland* (país propio/"autóctono"). Esto fue particularmente más evidente desde la implementación de la "Ley de Seguridad Nacional" a partir de los ataques terroristas del 11 de septiembre del 2001 (por ejemplo, a través del movimiento *Tea Party* dentro del Partido Republicano o del abiertamente racista *Alt-Right*).

2.2. Populismo en Latinoamérica

América Latina es para Mudde y Kaltwasser (2017, 27) la región con la tradición populista "más predominante y duradera", debido a los altos niveles de desigualdad socioeconómica en la región y a los relativamente largos períodos de gobiernos democráticos. Las narrativas populistas abordan el tema de la concentración del poder económico y político en manos de una pequeña minoría, una oligarquía que actúa en contra de la voluntad del pueblo. En consecuencia, hay un gran apoyo hacia los movimientos populistas que prometen acabar con el dominio de las oligarquías e instalar gobiernos en los que el pueblo se gobierne a sí mismo. Por lo tanto, los populismos latinoamericanos han tendido a organizarse "desde abajo" y a ser inclusivos. Así, logran darles voz a aquellos que han sido marginados. En el contexto latinoamericano, Mudde and Kaltwasser (2013) distinguen tres "olas" de populismo (ibidem). La primera, abarca el periodo que va desde la Gran Depresión de los años veinte hasta los sesenta, cuando en muchos países latinoamericanos como Ecuador, Chile o Argentina, el populismo tuvo más éxito que el comunismo o que el socialismo por temas como la urbanización y la demanda de derechos. La retórica populista de esta fase se centró en "el pueblo" (en vez de en la clase obrera), entendido éste como una comunidad "virtuosa" de campesinos y trabajadores de ascendencia europea, quedando así excluidos los ciudadanos indígenas y afrodescendientes (lo cambio por una cuestión cronológica). Asimismo, al caracterizar a la oligarquía nacional como "una élite corrupta" en alianza con fuerzas imperialistas, los populistas latinoamericanos de esta fase se apoyaron en una identidad común para oponerse a la interferencia de potencias imperialistas, que Mudde y Kaltwasser (2013) denominaron "ideología del Americanismo".

La segunda fase de los populismos en América Latina se inicia a principios de los años ochenta tras las crisis económicas en Argentina que continúa durante el gobierno de Carlos Menem (1989-1999); en Brasil con la presidencia de Fernando Color de Mello (1990-1992) y en el Perú con Alberto Fujimori (1990-2000). Estos líderes populistas culparon a las élites de haber provocado la dramática situación económica y de haberle usurpado al pueblo su legítima soberanía. Si bien no tenían una línea programática clara; implementaron sin embargo reformas neoliberales flagrantes en cooperación con instituciones multinacionales como el FMI, además de la puesta en marcha de programas contra la pobreza. La población era vista más como una masa pasiva que como ciudadanos activos y la identidad común del americanismo, para entonces, dejó de jugar un papel preponderante.

La tercera ola de populismo en América Latina – también conocida como la "Marea Rosa" – se inicia en 1998 con la elección de Hugo Chávez (1999-2013) como presidente de Venezuela; seguido por Evo Morales (2006-2019) en Bolivia; Rafael Correa (2007-2017) en Ecuador; y Daniel Ortega en Nicaragua (desde el 2007). Estos líderes populistas una vez más hicieron uso de la retórica antiimperialista y de una resistente identidad Americanista. Como reacción a las anteriores reformas neoliberales de la segunda ola, ellos combinaron las ideas populistas con las socialistas, como puede observarse en los nombres de sus partidos. Sin embargo, todos ellos también debieron actuar dentro de la lógica de las economías capitalistas neoliberales en países que, debido a una larga historia de explotación colonial, dependen en gran medida de la extracción y exportación de recursos (ver Coronil 2011). Lena Levinas (2017) enfatiza asimismo el papel crucial que desempeña la dependencia de la exportación de recursos en estos países, en particular el papel del extractivismo (en economías dependientes de la extracción de recursos primarios que son vendidos en el mercado mundial) y el rol de las empresas multinacionales:

> ¿Y qué pasó exactamente con América Latina durante la Marea Rosa? Para la mayoría de los gobiernos de izquierda y centroizquierda, incluyendo Brasil y Argentina, hubo un giro hacia la reprimarización de la economía que marcó un retorno al extractivismo en lugar de desplegar estrategias de desarrollo más audaces que tomarían tiempo para madurar pero que finalmente habrían alimentado ese cambio estructural que hemos estado esperando por décadas. (Lavinas 2017, 3)

Ante el contexto de tales desigualdades coloniales persistentes, expresadas en la dependencia hacia el extractivismo de los recursos, "el pueblo" está constituido discursivamente por todos aquellos que son discriminados, marginados y excluidos. La mayoría de los líderes de la segunda ola optaron por una asamblea constituyente diseñada para limitar las capacidades de la oposición y, por lo tanto, la pluralidad de voces y puntos de vista. Particularmente, en relación a los casos de Nicolás Maduro en Venezuela y Jair Bolsonaro en Brasil, Lavinas observa una sumisión al "deseo de permanecer en el poder" (o, podría también agregarse de ganar poder) en las versiones latinoamericanas actuales del populismo, especialmente en el contexto de la actual reacción neoliberal. Los ejemplos de Maduro en Venezuela, Daniel Ortega en Nicaragua y Bolsonaro en Brasil muestran que la noción general de los populismo(s) latinoamericano(s) como emergentes "desde abajo" e inclusivos, también está cambiando. Desde el inicio de la llamada "marea rosada" que significó un giro a la izquierda en muchos países latinoamericanos -ahora considerablemente debilitada-, una cuarta fase podría incluir estas nuevas tendencias.

2.3 Trayectorias populistas en Europa

Los primeros movimientos populistas en Europa se remontan a los levantamientos agrarios en Rusia y Europa del Este, como el *narodniki* o el movimiento *Go to the People* en Rusia, cuya influencia fue limitada ya que fueron excluidos del poder político (Mudde y Kaltwasser 2017, 32). Como ya se ha mencionado, el comunismo – así como el fascismo- "flirteó" con el populismo; sin embargo Mudde y Kaltwasser señalan que ambos eran más de corte elitista que populist (33). Sólo en la década de los noventa observan el (re)surgimiento del populismo como una fuerza política relevante en Europa. La mayoría de los actores populistas de la fase actual combinan el populismo con ideologías autoritarias y ligadas al lugar de origen o nacimiento, basando sus demandas en una política de "ley y orden", así como en un antagonismo xenófobo entre "la Nación" y "los extranjeros", una economía neoliberal y una postura decididamente anti-elitista. Ejemplos de estos nuevos actores populistas son el *Front National* en Francia; la *Forza Italia* en Italia; el UKIP, que promueve el Brexit en el Reino Unido; el FPÖ, en Austria o la AfD en Alemania. En Europa del Este, según Mudde y Kaltwasser (2017), muchos partidos siguen sosteniendo el discurso de la "revolución robada" y prometen completar la revolución frustrada de 1989, basaba asimismo en el lema "nosotros somos el pueblo". Mientras que la mayoría de los movimientos populistas se han orientado hacia la derecha, la llamada Gran Recesión del 2008-2011 también trajo consigo un impulso de populismos de izquierda como es el caso de los Indignados y Podemos en España o la coalición de izquierda radical, *Syriza* en

Grecia, quienes defienden una posición euroescéptica y condenan las medidas de austeridad de la UE.

2.4. Populismo y democracia versus autoritarismo

El populismo puede ser tanto democrático como autoritario. Aunque la mayoría de los populistas son muy críticos de las formas convencionales de representación política institucionalizada, como los partidos, por lo general comparten la demanda de una democracia más directa. Las formas autoritarias, en cambio, se centran más en un líder carismático. Los teóricos del populismo, Mudde y Kaltwasser (2017), incluso caracterizan al populismo como "una de las palabras de moda del siglo XXI" y lo describen como un fenómeno amplio y generalizado. Subrayan además la vaguedad del término y la naturaleza controvertida del concepto; advierten sobre su uso como término de batalla y sitúan el populismo (contemporáneo) en el marco de las democracias liberales. A pesar de identificar al populismo como teóricamente yuxtapuesto a la democracia (liberal), empíricamente la mayoría de los actores populistas se movilizan dentro de marcos democráticos liberales. Sostienen que el populismo se beneficia de la idea democrática de la voluntad general del pueblo, que la mayoría de los actores populistas dice representar. Del mismo modo, se benefician de las posibilidades que les otorgan las democracias electorales y de las decepciones con la democracia (neo)liberal. "El pueblo", "la élite" y "la voluntad general" del pueblo, negados por las élites corruptas y que defienden los populistas, conforman los conceptos centrales del discurso populista alrededor de los cuales se pueden construir más conceptos populistas. La construcción general del antagonismo entre "el pueblo (verdadero)" y "la élite (corrupta)" ayuda al populismo a manera de mapa mental a analizar y comprender la realidad. Por lo general, las narrativas populistas presentan a la élite gobernante y corrupta como aquella que trabaja en contra de la "voluntad del pueblo" y, en el populismo de derecha, como aquella a favor de una subclase no blanca a la que se le da inmerecidamente lo que le pertenece al pueblo. La investigación ha revelado el doble antagonismo de los populistas de derecha: por un lado, "el pueblo" se construye "verticalmente" y la "gente común" ocupa un lugar opuesto a la élite (Aranovic, Mayer, Sauer véase en Canovan 1999, 5); y, por otro lado, "horizontalmente", donde el pueblo se posiciona contra "los otros". En los discursos populistas de derecha, "el pueblo" se convierte en "nuestro pueblo" (ibidem, véase en Pelinka 2002, 284f.; Krastev 2007, 105; Reisigl 2012, 141), con lo cual se destacala pertenencia y la no pertenencia nacional en el centro del escenario. Al hacerlo, el populismo de derecha invoca ambas tradiciones antagónicas y capitaliza las tensiones que surgen de ellas (Ajanovic, Mayer y Sauer 2018, 637).

Donald Trump y Jair Bolsonaro parecen continuar con la visión maniquea del mundo que se le atribuye al populismo, la cual se basa en la narrativa del "pueblo traicionado". Tanto Donald Trump como Jair Bolsonaro aumentaron su visibilidad y "valor de choque" como candidatos presidenciales a través de declaraciones abiertamente sexistas, misóginas, racistas y, en el caso de Bolsonaro, homofóbicas. Esto sucedió en el contexto actual, en el que los actores y partidos de derecha están en ascenso en todo el mundo. Si se considera que su política sigue –al menos parcialmente– una lógica populista, su éxito no resulta sorprendente.

Mientras que el populismo de derecha tiende a ser excluyente, al basarse en una noción estrictamente étnica de "el pueblo", el populismo latinoamericano ha sido generalmente inclusivo, basando su comprensión del "pueblo" en los excluidos (Mudde y Kaltwasser 2013). Sin embargo, como podemos ver por los acontecimientos actuales en Brasil y en otros lugares, estas claras divisiones ya no parecen ser ciertas si nos fijamos, por ejemplo, en figuras como las de Jair Bolsonaro y Bernie Sanders. Sanders ha sido considerado por muchos como un populista de izquierda, mientras que Bolsonaro representa a un líder latinoamericano y populista de derecha. Estas especificidades regionales parecen estar cambiando y es posible que sea necesario ampliar o adaptar los respectivos conceptos. Además, fenómenos regionales pueden crear actores populistas similares, como los partidos de derecha en Europa y los populistas de izquierda radical en América Latina (Mudde y Kaltwasser 2017, 21). En muchos casos, el género sirve a estos actores como una plataforma para la lucha por los valores y la distribución de los recursos, ya que las nociones de familia y nación, influenciados por el género, están estrechamente vinculadas a la comprensión de la democracia.

A continuación, presentaré cinco patrones (comunicativos) de género sobre los que se construye el discurso populista de derecha actualmente y en el que se utiliza el género como una plataforma discursiva y epistémica.

3. Cinco patrones populistas de derecha en torno al *En-Gendering*[2]

Durante su primera visita a Washington, el 19 de marzo del 2019, Jair Bolsonaro ocupó los titulares por afirmar que estaba uniendo fuerzas con Donald Trump para garantizar las libertades y los estilos de vida tradicionales de la familia con "respeto a Dios nuestro creador" y "en contra de la "ideología de género", de "las actitudes políticamente correctas" y a "las noticias falsas" (Goldberg 2019). Los puntos en común que enfatizó –los valores religiosos, la oposición a los enfoques de género, a lo políticamente correcto y a las "noticias falsas", representadas por los principales medios de comunicación– no parecen ser una coincidencia. El papel crucial que le atribuye al anti-genderismo, a la lucha contra el lenguaje no discriminatorio y contra los medios de comunicación tradicionales en nombre de los valores religiosos conservadores, encaja muy bien con la lógica sistémica del populismo. Bolsonaro también emplea la noción de "guerra" al referirse a la hegemonía cultural en vista de la diversificación de modelos de familia y las identidades de género ocurridas a partir de 1968, las cuales comenzaron a descentralizar la masculinidad blanca, patriarcal y heteronormativa.

Hasta la fecha, la investigación en torno al populismo no ha planteado de manera sistemática la cuestión de género y las estrategias político-sexuales relacionadas, ni ha reconocido el valor epistémico del género como meta-alegoría para dinámicas muy diferentes. En su artículo pionero de 2017, Birgit Sauer enfatiza las formas en que el género proporciona un amplio material metafórico, por cuanto es una categoría que suele evocar respuestas emocionales. El género abarca experiencias cotidianas con las que todo el mundo se puede relacionar, porque todos y todas, en distintos grados, están influenciados por éste. Sauer atribuye al género un papel crucial para la "articulación

---

2 *En-Gendering*: Proceso de incorporación de normas de género para la reproducción y naturalización de un orden natural y/o nacional.

de un proyecto nacional-populista de homogeneidad étnica o nacional y de ciudadanía excluyente en los acuerdos bio-políticos" (Sauer 2017, 14, traducción J.R.) de la nueva derecha. En el populismo de derecha, éstos se relacionan con una larga tradición del discurso derechista de pertenencia a un país o lugar que se centra en el cuerpo femenino (de derecha/blanco) como garante para el mantenimiento de la nación. En su análisis de género para el establecimiento y mantenimiento de las desigualdades globales, como condición de posibilidad para el capitalismo y de las estructuras relacionadas que permitieron "transferir el costo de reproducción de los trabajadores asalariados de la empresa capitalista o del estado a la casa", Manuela Boatcă (2015, 73) describe la respectiva subordinación y exclusión de las mujeres a través de categorías sociales naturalizadas, es decir que se definen y/o justifican los roles sociales de la mujer a través de categorías propias (o estereotipadas) de la naturaleza (*defining into nature)*. Por otro lado, Juliane Lang en su estudio crítico sobre las políticas anti-género de los partidos de derecha interpretó estas "normativas sexuales y de género" como intentos de "una (re)producción del orden nacional (*völkisch*)" (Lang 2013, 170) y, por lo tanto, exhortó a que se fomente una investigación que "entrelace el extremismo de derecha y el tema de género" (178).

Los ejemplos mencionados de las campañas presidenciales de Trump y Bolsonaro han mostrado cómo ambos candidatos, al mismo tiempo que hacían comentarios abiertamente sexistas y racistas, fueron capaces de movilizar a votantes y partidarios a través de temas aparentemente feministas o sobre los derechos de la mujer, tales como la protección de la libertad y los derechos sexuales de ésta. La escena epistemológica de género constituye así –una vez más– un "campo de batalla" (abierto) y una intervención fundamental en la discusión pública. Estos ejemplos indican hasta qué punto los actores populistas en las Américas logran polarizar a sus sociedades a través de temas relacionados con el género, pero también que obtienen aprobación para reimpulsar los debates sobre el control de la inmigración, la demografía o el estado de bienestar en la esfera pública.

Como demuestran los ejemplos de Estados Unidos y Brasil cuyas tendencias también podemos observar en otras partes del mundo, especialmente en el norte de Europa-, los discursos sobre género se convierten en parte de la cosmovisión maniquea sobre las que las lógicas populistas de derecha se construyen y que requieren de la creación de antagonismos para funcionar. De este modo, el género sirve de escenario para las polarizaciones que se derivan de los avances resultantes de los proyectos anti-hegemónicos que siguieron a los movimientos sociales de los años sesenta y setenta, que se reavivaron en el clima actual de la competición neoliberal por los recursos. La oposición conservadora y populista de derecha se contrapone a estos desarrollos y se expresa cada vez más a través del llamado "anti-genderismo", de la demonización de los estudios de género con enfoques socio-constructivistas y del activismo por la igualdad de los derechos de las mujeres y de la población LGBT en favor de los derechos para el aborto y de la diversidad sexual. Un número creciente de mujeres que apoyan el populismo de derecha expresan su rechazo a lo que consideran la destrucción de los roles tradicionales de género por parte del feminismo o de la "ideología de género" y cuestionan el ataque a los valores de la familia así como la presión de tener que trabajar a tiempo completo y de educar a los niños sobre la diversidad sexual. Mientras que el "genderismo" funciona como uno de los "enemigos internos" de la lógica populista de derecha (junto con "la élite corrupta" de la que forman parte los y las feministas), los derechos de las mujeres (y de los homosexuales) así como la libertad sexual, se utilizan a menudo como argumento contra aquel enemigo "intruso" que representan los inmigrantes y refugiados, y que son percibidos como una amenaza sexual. Además, con miras hacia una red transnacional cada vez más fuerte de radicales de derecha, el género sirve como un lenguaje para atacar al neoliberalismo (y al capitalismo global) al describir la "ideología de género" como colonización. Como se verá en este ensayo, al analizar los "patrones comunicativos" o "esquemas" que se pueden distinguir actualmente en el discurso populista de la derecha y de la derecha radical, se hará más evidente que estas prácticas y políticas están intrínsecamente ligadas a cuestiones de género. En relación con la lógica populista de derecha, los diferentes patrones de género cumplen diferentes funciones.

3.1. Patrón I: El género como "puente afectivo" en los medios masivos

Además de la "ideología de género" y lo "políticamente correcto", otro importante punto de coincidencia para Jair Bolsonaro durante su visita a Donald Trump en marzo del 2019, fue su oposición frente a las "noticias falsas" y su lucha contra éstas.

Concebido como una "lógica política" (Laclau 2005, 117) y como un "esquema comunicativo" (Stegemann 2017, 22) o "patrón comunicativo" (Costa 2018), el populismo de derecha se beneficia de sus entrelazamientos con el funcionamiento de los medios de comunicación masivos. Los populistas de derecha actuales ofrecen una novedosa, o renovada, narrativa excluyente que a menudo pretende decir "lo que todo el mundo está pensando" pero que es censurado por "lo políticamente correcto", en referencia a las políticas del lenguaje percibidas como excesivas o injustificadas por parte de la crítica conservadora de la Nueva Izquierda. Los medios de comunicación suelen ser condenados como el enemigo, incluso cuando los actores populistas dependen de los medios de comunicación y se aprovechan de las lógicas compartidas entre el populismo y los medios de comunicación con respecto a la economía de la atención y a la emocionalidad (ver Diehl 2017). No es de extrañar que el éxito de los actuales actores populistas se discuta en relación con los medios de comunicación de masas y cada vez más en relación con la creciente importancia de las redes sociales. Tanto para Trump como para Bolsonaro como candidatos y más tarde como presidentes- el rol de los medios de comunicación ha sido crucial. Rechazar lo "políticamente correcto" constituye una parte central de su estrategia populista de condenar a "la élite" de los medios de comunicación, a los políticos e intelectuales de izquierda, como demuestra su cruzada contra las "noticias falsas". Los medios de comunicación masiva, por su lado, también persiguen la lógica de que "el sexo vende" y a menudo utilizan políticas de índole sexual y temas de género para llamar la atención a través del escándalo y apelando a reacciones afectivas.

Paula Diehl (2017) estudia el interés que los populistas reciben por parte de los medios de comunicación masiva y señala que el populismo y los medios de comunicación están marcados por una serie de lógicas paralelas. Los populistas incorporan características que satisfacen la economía de la atención, las reglas y los criterios de los medios de comunicación a través de la creación de escándalos, del quebrantamiento de tabúes y apelando a las emociones. Al igual que los medios de comunicación, los líderes populistas prometen una mayor participación de sus electores. Como señala Diehl, los medios de comunicación sirven para catapultar posiciones de extrema derecha a la esfera pública. El peligro radica en el hecho de que los medios de comunicación, a través de su constante repetición, contribuyen a la naturalización de tales posiciones y, en última instancia, a un viraje hacia estándares no democráticos e, incluso, antidemocráticos. El género juega un papel fundamental en este aspecto, ya que "el sexo y la sangre" contribuyen a cumplir con las lógicas de atención de los medios de comunicación. Las cuestiones de género apelan todos los días a todas las personas, lo que garantiza un cierto compromiso afectivo por parte de todos los receptores. Además, el género se basa en un binario jerárquico, naturalizado y de larga data. El género se aplica a numerosas lógicas del populismo de derecha y sirve a varios patrones comunicativos de éste. El populismo de derecha actúa contra un lenguaje "políticamente correcto" y sensible al género e incita a la naturalización del lenguaje sexista y racista. El papel crucial del género para la construcción del feminismo y la "ideología de género" como "enemigos internos" en la lógica populista binaria, así como las paradojas dinámicas creadas por las alianzas entre actores populistas y algunas mujeres (cuyos argumentos, aparentemente feministas, revitalizan la masculinidad hegemónica), han sido aspectos desatendidos en la investigación sobre el populismo y constituirá el punto central de los patrones analizados más adelante. El hecho de que los nuevos populistas comprendan ahora que necesitan el apoyo de las mujeres (y, en parte, de los representantes de las comunidades LGBT y de otras comunidades marginadas) e incluyan y utilicen conscientemente las voces de las mujeres votantes y partidarias, demuestra lo esencial que se ha vuelto el género para negociar una amplia gama de temas y también que hay más en juego que una reacción violenta o un retorno a los roles tradicionales.

Las campañas electorales de Donald Trump y Jair Bolsonaro han demostrado que los medios de comunicación desempeñan cada vez más un papel más importante en sus estrategias para difundir directamente sus mensajes a sus seguidores, quienes, sin embargo, ya no son (sólo) las "masas" de los tiempos televisivos, sino también los cada vez más cuidadosamente estudiados usuarios de Twitter, Facebook y WhatsApp. Por medio de las redes sociales, su objetivo es la comunicación directa entre el líder o partido político y sus seguidores, ya que la comunicación (desde un punto de vista populista) debe estar libre de intermediarios. Las redes sociales facilitan esta lógica y, por lo tanto, juegan un papel cada vez más importante en las campañas electorales y en la comunicación política de los populistas, tal como se puede observar actualmente en la exitosa campaña electoral de Bolsonaro en WhatsApp y YouTube, así como en las constantes intervenciones de Trump a través de Twitter, frecuentemente citadas por medios de comunicación de todo tipo.

De acuerdo con Diehl, a través de esta "afinidad sistémica", los populistas obtienen mayor atención que otros actores políticos, por parte de los medios de comunicación. Los populistas a menudo emplean las lógicas de atención de los medios de comunicación masiva como parte de una estrategia bien definida para llamar la atención y, eventualmente, obtener votos. Los medios también contribuyen a la estrategia de los actores populistas de contradecir a los medios de comunicación "tradicionales" y declarar que su versión de los acontecimientos es "errónea" o "falsa". Al mismo tiempo, causan constantemente distracción, controversias y escándalos, lo cual se relaciona con las lógicas de atención de los medios de comunicación masiva y de las redes sociales. Los comentarios abiertamente sexistas de

Trump y Bolsonaro brindados como ejemplos al principio de este ensayo, muestran cómo estos actores populistas tienden a hacer declaraciones como estrategias de choque para, consciente y repetidamente, causar escándalos. Los temas de género son particularmente útiles aquí, debido a la lógica de "el sexo vende" y por su atractivo emocional. A través de la comunicación directa con sus votantes por Twitter, WhatsApp y Facebook, tanto Trump como Bolsonaro trabajan en contra de la influencia de los medios de comunicación tradicionales.

Bolsonaro es uno de los "políticos más influyentes de Brasil en el espacio virtual", con más de 10,5 millones de seguidores en Twitter, Facebook e Instagram en total (Uchoa 2018). En la campaña electoral de Bolsonaro, dirigida a través de los medios de comunicación, Sérgio Costa observa el cambio radical de la "comunicación política y, por tanto, de los fundamentos de la democracia", que Bolsonaro supo cumplir a la perfección (Costa 2018, traducción J.R.). Otros críticos mencionan incluso la construcción de mundos o realidades paralelas, creadas a través de burbujas (sociales y de otros tipos) mediáticas, que conducen a patrones de percepción completamente diferentes (véase, por ejemplo, Seeßlen 2017). Uno de estos patrones es la traición a la "voluntad general" de "el pueblo" que se percibe como el "privilegio" de las minorías a través de la acción afirmativa, los derechos de género y de LGBT, así como lo políticamente correcto. Durante su visita a Trump en marzo del 2019, Bolsonaro ya insinuó uno de sus principales objetivos políticos: El programa de acción afirmativa que había sido promulgado en 2001 en Brasil para reducir las desigualdades basadas en el racismo y, posteriormente, también en los bajos ingresos (que a menudo coinciden con la racialización) (Roberts 2018). Por lo tanto, esto indica que lo que está en juego es una lucha por la hegemonía cultural dentro de un clima de cosmovisiones y estilos de vida diversificados que surgieron después de 1968 y del consecuente decaimiento del poder de los órdenes heteronormativos, blancos y masculinos. Costa observa paralelismos estructurales entre la campaña de Bolsonaro, la campaña del Brexit en el Reino Unido, las campañas de Donald Trump en Estados Unidos y las del partido

Alternative für Deutschland (AfD) en Alemania en relación a a varios elementos de este nuevo patrón de comunicación. Estas nuevas formas de campañas electorales ya no se basan más en argumentos políticos, sino que apuntan a la totalidad del electorado:

> En una realidad paralela, el estilo o modo de vida de los votantes en su totalidad –como cristianos, como familias nucleares, como heterosexuales, como miembros de una nación– está siendo presentado como severamente amenazado. El pueblo -sobre todo con relación a los votantes masculinos que se convierten en el centro de tales narrativas-- está siendo estilizado como héroe cuyo voto y postura ofensiva diaria es capaz de desterrar tal amenaza. (Costa 2018, traducción J.R.)

Para crear una realidad paralela de este tipo, los medios de comunicación tradicionales que podrían ponerla en tela de juicio suelen ser deslegitimados, como lo indica el notorio fenómeno de las "noticias falsas". Costa argumenta que, al estar en una posición defensiva, los medios de comunicación suelen responder a sus críticos con una cobertura positiva . Sin embargo, siguiendo la lógica populista, la presunta amenaza sólo se hace plausible cuando se construyen enemigos que amenazan no una posición política en particular, sino la existencia de la comunidad entera como sería en el contexto actual, la percepción de amenazas causadas por la inseguridad socioeconómica. "Estos enemigos no son fenómenos abstractos como la globalización o el capitalismo global, sino oponentes concretos que pueden ser reconocidos y combatidos a diario: 'migrantes ilegales' en los EE.UU. o Gran Bretaña, refugiados y musulmanes en Alemania, y en Brasil: gays o la izquierda inmoral" (Costa 2018, traducción J.R.). De ahí que la pluralidad de modelos familiares, el aborto libre y legal, se construyan como una amenaza fundacional para la (reproducción/mantenimiento) de la nación. Costa argumenta que, en el curso de la actual transformación de los argumentos de la comunicación política, los modelos de justicia y los conceptos para un futuro común son reemplazados por una política de "emociones, desinformación, recetas para una 'buena vida' y soluciones para amenazas presumiblemente existenciales" (Costa 2018, traducción J.R.). El *establishment* político o las instituciones elitistas y democráticas también son percibidas como un enemigo, ya que son incapaces de proteger a la población de estas amenazas. Lo mismo ocurre con feministas, activistas LGBT y académicos de estudios de género, quienes son considerados como amenazas a la familia y a la nación. Como se verá en la discusión sobre los siguientes patrones comunicativos, estos últimos han sido atacados recientemente por conservadores y populistas de derecha por constituir una "ideología de género", término acuñado originalmente por el Vaticano para oponerse a las políticas emancipatorias en materia de género y sexualidad.

Esta tendencia de despliegue de la derecha que podemos observar en Estados Unidos, Alemania o Gran Bretaña ha cobrado fuerza en Brasil, sobre todo en lo que se refiere a la importancia de las redes sociales como WhatsApp como herramientas comunicativas y lo que Costa denomina el "papel central de la religión y de la sexualidad en el discurso político". (Costa 2018, traducción J.R.). Durante la campaña electoral de Bolsonaro, WhatsApp desempeñó un papel fundamental: Brasil tiene aproximadamente 147 millones de votantes y 120 millones de usuarios de WhatsApp, estos últimos no tienen acceso regular a Internet (véase Gardels 2018). Esto se debe al hecho de que varios proveedores de telefonía móvil permiten a sus clientes acceder a WhatsApp sin costes adicionales, mientras que navegar por Internet es más complicado y costoso. WhatsApp se convirtió así en el campo de batalla electoral más importante además de la televisión, y Bolsonaro (junto a su equipo) supieron cómo utilizarlo para su causa y beneficio. Más del 80% de los partidarios de Bolsonaro recibieron contenido referente a él a través de WhatsApp (Instituto Datafolha, véase en Costa 2018). A a diferencia de otras plataformas como YouTube o Facebook, WhatsApp no puede ser monitoreada por las autoridades electorales. Después de ser víctima de un ataque con un arma punzocortante el 16 de septiembre de 2019, las redes sociales ayudaron a Bolsonaro a perfilarse a sí mismo como un héroe o salvador y, al mismo tiempo, como un ciudadano normal. Las imágenes de él sobre una cama de hospital circularon ampliamente en YouTube y WhatsApp y también concedió entrevistas por televisión. De esta manera, proyectó una imagen personalizada y privada que apelaba a los sentimientos de la gente, mientras sus oponentes luchaban entre sí en los debates televisivos.

En el caso de Donald Trump, los medios de comunicación también han desempeñado un papel fundamental para el éxito de su campaña electoral y para seguir movilizando a sus seguidores. El papel de Fox News como una estación de televisión privada que apoya a Trump es bien conocido, al igual que el papel de Breitbart News y Steve Bannon, -quien fue uno de los asesores más importantes de Trump en su campaña electoral y bajo su presidencia hasta que fue despedido en 2017. También se dice que Bannon ha asesorado a Bolsonaro en su campaña, así como al partido populista de derecha alemán AfD (Assheuer 2018). Como profesional de los medios de comunicación, que además fue conductor de un reality show (*The Apprentice*) durante 12 años, Trump sabe cómo manejar la lógica de los medios de comunicación de masas y utilizarlos para sus propios fines. Trump tiene una larga experiencia en promocionarse a sí mismo como un personaje con una historia de éxito, lo que también es evidente en sus libros que se convirtieron en best-sellers con títulos como *The Art of the Deal*, *Great Again: How to fix Our Crippled America* , *Think Big*, o *Never Give Up*. A través de su uso estratégico de Twitter, Trump aprovecha incluso más las posibilidades de las nuevas redes sociales para comunicarse personal y directamente e influir en sus seguidores, así como en el discurso público en general. Trump generalmente envía sus primeros Tweets muy temprano por la mañana, antes de que aparezcan las primeras noticias del día y, por lo tanto, establece el tono para temas particulares. Su constante intento por satanizar a los medios de comunicación "tradicionales" y "serios" –a los que acusa de producir "noticias falsas"– ha alimentado aún más esta lógica y ha contribuido a un discurso profundamente dividido sobre los medios de comunicación y su papel en la democracia.

Debido a que no puede controlar a los medios de comunicación como en el caso de otros líderes populistas, Trump crea así su propia realidad y su propio discurso en oposición al de todos los medios de comunicación que lo ven críticamente. Continuando con la lógica populista, Trump parece tener éxito entre sus seguidores al desautorizar a los medios de comunicación tradicionales como parte de aquella "élite corrupta" que está "traicionando al pueblo" (Mitchell et. al. 2017). Hace uso de esta lógica llamando a los medios de comunicación "el enemigo del pueblo", cuestionando así por completo la fiabilidad de su rol como actor independiente. En una encuesta reciente de *CBS News*, el 91% de los "partidarios más fieles" a Trump dijo que confía en él como su fuente de información fidedigna. Sólo el 11% dijo lo mismo sobre los "medios de comunicación tradicionales" (véase Zurcher 2018). El cada vez más importante papel de los lazos afectivos apunta además a una noción cambiante de lo que se considera como "verdad" en contraposición a los "hechos", particularmente en un contexto en el que la información no deseada es fácilmente descartada como "noticia falsa". Otro aspecto importante es el flujo de contenidos entre los medios sociales y los medios de comunicación tradicionales que apoyan el discurso populista de derecha. Un ejemplo interesante es el programa matutino diario *Fox and Friends* que actúa como portavoz de los tweets de Trump.

Un patrón que se puede encontrar cada vez más en el discurso populista de derecha es la negativa a reconocer los errores históricos, como es evidente en los comentarios racistas de Trump y en los comentarios irrespetuosos de Bolsonaro sobre la esclavitud: "¿Qué deuda de la esclavitud? Nunca esclavicé a nadie en mi vida. Mira, si ustedes realmente se fijan en la historia, los portugueses ni siquiera pisaron África. Los propios negros entregaron a los esclavos", dijo en una entrevista de televisión en julio del 2018 (Roberts 2018). Los políticos de la AfD, como Alexander Gauland en Alemania, han empleado argumentos similares al referirse al Holocausto, minimizándolo como una pequeña mancha de "mierda de pájaro" en la historia. El comentario de Trump de que "ambos lados" fueron responsables de la escalada de violencia entre los promotores y los opositores de la remoción de las estatuas confederadas de la guerra civil en Charlottesville apunta en una dirección similar. El efecto es causar controversia al expresar públicamente lo que muchos -una "mayoría silenciosa", o el auténtico "pueblo"– supuestamente piensa y eliminar así una historia vergonzosa al naturalizarla a través de la repetición, con lo cual los medios de comunicación juegan un papel crucial. Dado que el afecto es uno de los principales recursos a través de los cuales los medios de comunicación de masas y, en particular, las redes sociales obtienen atención (mostrar emociones, dramatizar, romper tabúes, causar escándalos), el género desempeña un papel fundamental como escenario entre los discursos mediáticos y, además, como "puente afectivo" (Dietze 2019).

Los medios de comunicación -y las redes sociales en particular juegan un papel central hoy en día para todos los populistas, lo que obedece a las lógicas similares de la economía de la atención. Los medios de comunicación han sido históricamente cruciales para el éxito de los actores populistas como, por ejemplo, en el caso del papel central de la radio para el Peronismo. Las nuevas redes sociales, además, proporcionan el espacio para la derecha radical, en su mayoría hombres extremistas, partidarios de la *Alt-right* o Derecha Alternativa (Strick 2019) y para las mujeres partidarias del populismo de derecha, como las *Women for Trump*. Sin embargo, también para la organización en favor de la resistencia dentro de los movimientos sociales y las campañas anti-sexistas. Los nuevos medios han ampliado y debilitado los papeles tradicionales de la prensa en una sociedad democrática. Por un lado, los nuevos medios han aumentado enormemente el potencial de la información política para llegar incluso a los ciudadanos más desinteresados. Asimismo, han facilitado la creación de esferas públicas digitales en las que las opiniones pueden compartirse abiertamente, lo que ha dado lugar a nuevas vías de participación que permiten que el público se conecte con los gobiernos y contribuya a la circulación de la información política (véase Owen 2018). No obstante, "la confluencia del auge de los nuevos medios y de la sociedad de la posverdad ha generado una situación precaria que socava sus aspectos beneficiosos" (ibidem). De hecho, parece que casi no hay controles efectivos sobre la creciente oleada de información falsa. La substitución de un periodismo de investigación serio por una cobertura de escándalos ha debilitado el rol democrático de los medios de comunicación: "La ambigua posición de los medios de comunicación como portavoces de los políticos hace que los periodistas sean cómplices de la proliferación de la mala información y de los hechos erróneos" (ibidem). Diana Owen considera que la era actual marca "un nuevo punto álgido para el imperativo democrático de una prensa libre" (ibidem). Simon Tisdall (2018) incluso se refiere a la "guerra" que Donald Trump está librando contra los medios de comunicación como una con "implicaciones mortales", mientras que Costa (2018) y Seeßlen (2017) atribuyen a las redes sociales, en combinación con las formas actuales de populismo de derecha, la capacidad de crear "burbujas comunicativas" y "realidades paralelas". Cuando todas las autoridades del establishment son llamadas mentirosas, la voz populista aparece veraz -en el sentido de "honesta" o "apegado a los propios principios"- lo que Brum define como una "auto-verdad" o *self-truth.*

> Explicarlo no ha tenido ningún efecto. Bolsonaro es menos un fenómeno posverdad que un fenómeno de lo que yo llamo auto-verdad o self-truth. El contenido de lo que dice no importa: lo que importa es el acto de decirlo. La estética ha reemplazado a la ética. Diciéndolo todo o nada, sin importar cuán violento sea, es proclamado veraz o sincero por sus votantes en un contexto en el que los políticos están siendo rechazados como farsantes y mentirosos. Al mismo tiempo, la "verdad" se ha convertido en un absoluto y en una elección personal. El individuo ha sido llevado a un extremo radical. (Brum 2018, traducción C.L.B.)

Como demuestran los ejemplos de las declaraciones abiertamente sexistas y misóginas de Trump y Bolsonaro, esta "auto-verdad" parece implicar una inclinación o un apego a versiones particulares de la masculinidad hegemónica. Entre sus partidarios, estas versiones, más que poner en riesgo su popularidad parecen estar fortaleciéndola.

3.2. Patrón II: Apropiación de políticas de la mujer para alianzas femonacionalistas.

El "pánico moral" (Rubin 1984, véase en Cohen 1981), causado por una amenaza percibida contra la supervivencia de la "nación"/ "pueblo", justificaría el llamado a un líder "fuerte" y masculino que logre restablecer el orden (basado en el género tradicional) en contra de los efectos decadentes y amenazadores de la revolución sexual de los años sesenta y setenta así como de las políticas de igualdad de género correlacionadas. Tanto las iglesias conservadoras como los líderes populistas representan el orden patriarcal que prometen mantener, defender o, según el caso, restablecer. A través de la defensa de un masculinismo particular y hegemónico, transfieren la jerarquía política hacia una jerarquía de género. Tanto la presidencia de Bolsonaro como la de Trump suceden a los gobiernos progresistas y pluralistas de Lula da Silva y Barack Obama. El primero fue el primer representante de la clase obrera (y opositor a la dictadura militar) en ocupar el cargo más alto, mientras que el segundo fue el primer afroamericano en hacerlo. Ambos también triunfaron frente al (relativo) éxito de las primeras candidatas presidenciales, contra las cuales ambos lanzaron severas críticas durante sus campañas: Dilma Rousseff, quien dirigió Brasil desde el 2011 hasta su revocatoria en el 2016, y Hillary Clinton, la primera mujer en presentarse como candidata a la presidencia de Estados Unidos. Mientras que Dilma Rousseff representó a una fuerza de oposición contra la dictadura militar, durante la cual había sido encarcelada, Hillary Clinton fue considerada como el prototipo de feminista estadounidense de clase media blanca. El género jugó un papel decisivo en ambas campañas, ya que fue a través de la condena en torno a la feminidad de ambas candidatas y a la ridiculización de la "débil" y feminista (y en el caso de Obama, racializada) masculinidad de los predecesores y cómo los candidatos opositores se posicionaron frente a ellos. Cuando las diferencias políticas y las jerarquías raciales y de clase se transfieren hacia una jerarquía de género, el binario se torna legible y afectivamente accesible en términos del binario de género.

Joseph Jay Sosa analiza el sexismo contra Dilma Rousseff y el imaginario social de aquel giro hacia la derecha en Brasil que él identifica a partir del ascenso de ésta al poder. Por medio del análisis de tres arquetipos con los cuales Rousseff fue caricaturizada como"subversiva" (participante de la resistencia clandestina contra la dictadura militar brasileña), "madre" (al cuidado de la nación a través de programas sociales) y "aguafiestas" (por su insistencia en "el imperio de la ley"), Sosa argumenta que el "sexismo catalizó visiones conservadoras profundas que permitieron crear un espacio cultural propicio al giro hacia la derecha en Brasil" (Sosa 2019, 717). Como primera mujer presidenta y también por ser la primera en liderar un gobierno dirigido por el Partido de los Trabajadores (PT) durante un segundo mandato, Rousseff continuó el programa de bienestar social "Bolsa Familia", mediante el cual sacó de la pobreza a millones de familias brasileñas no blancas y tuvo un impacto decisivo en la expansión económica de Brasil a principios de la década del 2000. Sin embargo, Rousseff tuvo que cambiar significativamente las políticas que definió como "políticas familiares". Los debates sobre el aborto "rearticularon una división ideológica en torno al género y a la sexualidad en la política brasileña, con la primera mujer presidenta de Brasil como árbitro cada vez más reticente" (730). Mientras la oposición conservadora deslegitimó a los políticos del PT por corruptos argumentando que usaban programas de bienestar social para comprar los votos de la gente pobre, se atacó cada vez más el desempeño burocrático de Rousseff como el de una "aguafiestas", al ser supuestamente incapaz de ser feliz y, por lo tanto, buscar arruinar la felicidad de otros: "Cuando la aguafiestas apuntaba un problema a otros, la gente empezó a tratarla como tal" (736, véase en Ahmed 2010). Sosa concluye que el sexismo contra Rousseff proporcionó un marco para proyectar "imaginarios conservadores de corrupción, subversión y valores familiares" en Rousseff y así desviar la atención de cuestiones como soberanía popular y el estado de derecho. El sexismo sirvió además para comunicar que Rousseff y sus partidarios "no pertenecían a la nación" (723). Durante su presidencia, las legalizaciones del aborto y del matrimonio entre personas del mismo sexo causaron acalorados debates, particularmente entre los actores cristianos evangélicos quienes ganaron así influencia política y condujeron a "la renegociación de las definiciones de derechos humanos y de familia que se habían sostenido por mucho tiempo …)" (727). El género en este caso sirvió para aunar las posiciones populistas de derecha con las voces religiosas conservadoras en oposición a la administración de Rousseff.

Las descripciones misóginas y, por tanto, también el "género", no sólo sirvieron para denigrar a Rousseff, sino que también conformaron un "nexo cognitivo y afectivo entre las acusaciones" que se le hacían (724). Similares estrategias fundamentadas en el género fueron utilizadas por la derecha en contra de la candidata presidencial Hillary Clinton en la campaña electoral de 2016, durante la cual Trump y sus partidarios centraron gran parte de su campaña en deslegitimar y criminalizar a Hillary Clinton, quien habría sido la primera mujer presidenta de los Estados Unidos. En ambos casos, ante el escenario de odio abiertamente misógino hacia las políticas opositoras, quienes fueron consideradas miembros de la élite gobernante, los candidatos populistas de derecha, representaron el retorno del "hasta entonces ensombrecido" líder fuerte, blanco y patriarcal (Prandini Assis y Ogando 2018).

Desde una perspectiva de género interseccional, el papel de la esposa de Donald Trump, Melania, y su hija, Ivanka, es de particular interés. El matrimonio de Trump con Melania representa la "economía sexual del sugar daddy" (Seeßlen 2017, 37, traducción J.R.), la cual contribuye a su imagen de "líder". Este tipo de mujeres consagra su belleza al poder y al atractivo del líder populista. En los casos de Melania e Ivanka Trump, estas mujeres se posicionaron como modelos de belleza y de riqueza. Además, Seeßlen (2017) observa una contra-narrativa al orden liberal de género y familia que Obama había encarnado a la perfección, en el cual el matrimonio es un tipo de relación igualitaria; sin embargo, mediante el cual muchos votantes podrían ver su estilo de vida ridiculizado, sino amenazado. Seeßlen (2017) afirma que muchos simpatizantes aprueban la forma en que

Trump interpreta el tema de género: "en la economía sexual de esta contra-narrativa, la condición de la mujer como bien de lujo es aceptada o reconocida" (43), sobre todo si ésta implica un premio muy alto. Concluye que: "la mujer de Trump tiene una función importante en el reordenamiento del poder, no a pesar de, sino debido a su existencia basada en el modelo de Barbie y sus artículos de lujo" (47). La figura de la mujer de Trump avala una nueva realidad en la que el masculinismo es aceptado como un comportamiento masculino "natural" que puede justificarse en la medida en que el "hombre" se mantenga al lado de la mujer y asegure el estilo de vida de ésta. Parte de este renacimiento de los roles tradicionales podría ser causado por la ya mencionada "fatiga de emancipación". No es casualidad que fuera Melania Trump la que vertiese aceite sobre aguas turbulentas después de que el video de su esposo, denominado "agárralas por el coño" se volviera viral, puesto que consideró que los comentarios sexistas de su esposo eran parte de una "charla de vestuario" (Gajanan 2016). Al trivializar los comentarios violentos de Trump como parte de un tolerable comportamiento de "niños que seguirán siendo niños", Melania Trump satisfacía el deseo de los electores de acabar con lo políticamente correcto y con el feminismo que Hillary Clinton representaba. En opinión de éstos, se obligaría a los hombres a "actuar en contra de su naturaleza" y cuestionaría los roles tradicionales de género que consideraban naturales y legítimos. De acuerdo con la lógica y la "realidad" de su electorado, la "posesión" de una bella mujer realza la imagen de Trump como un hombre que se ha forjado a sí mismo. La hija de Trump, Ivanka, por el contrario, representa un tipo fuerte e independiente de feminismo neoliberal. Ella ayuda a Trump a atenuar y a amortiguar sus escándalos, como se pudo ver en su reacción ante las grabaciones de Trump, que condenó como "inaceptables". Pese a ello, siguió respaldando a su padre, afirmando que "sabe cómo es él" (Worley 2017). Sin embargo, el hecho de que Trump aparentemente "necesita" a Ivanka –que de facto ha asumido el papel de primera dama – para que su postura sexista y masculinista sea aceptable para sus votantes mujeres y conservadoras, indica que el funcionamiento del género como campo epistémico dentro del discurso de la derecha debe ser leído como un patrón más complejo que como un simple *backlash*.

En un marcado contraste con las políticas de diversidad promovidas por Lula, Dilma, Obama y Hillary Clinton, Trump y Bolsonaro –de diferentes maneras y en diferentes grados- apoyan la noción conservadora, cristiana y populista de derecha en torno a la familia nuclear y heterosexual como núcleo del estado en el que la "ideología de género" se encontraría en una clara oposición. Todos estos predecesores representan "enemigos" clave dentro del discurso populista de derecha: según esta perspectiva,representan a la "élite (izquierdista /procedente de la costa este)", el "peligro de la izquierda", lo "políticamente correcto" y la "ideología de género". Las campañas electorales de ambos candidatos demuestran cómo la representación de sus predecesores y, en el caso de Clinton, de sus competidoras, sirvió como proyección perfecta para representar todo lo que l no haría ni toleraría. "El mensaje de estas fuerzas fue claro: las mujeres y las personas LGBT no fueron ni son bienvenidas en la política y más contundentemente aun: los ideales y las agendas de género y justicia sexual lo son incluso menos" (Prandini Assis y Ogando 2018). Por lo tanto, para Mariana Prandini Assis y Ana Carolina Ogando (2018), la "cruzada" contra la "ideología de género" en la campaña presidencial de Bolsonaro reforzó una hegemónica, masculina y violenta forma no sólo de "hacer política", sino incluso de percibir la vida a nivel mundial." (ibidem). Este estilo de confrontación política ya ha comenzado a dar lugar a la "aniquilación" de sus enemigos elegidos de la esfera pública y a un acelerado aumento del número de actos violentos contra las mujeres y los cuerpos no blancos y de diferentes géneros en Brasil y en los Estados Unidos (ibidem).

En la retórica de Trump, observamos la lógica populista de derecha "en favor de las mujeres y en contra de las feministas" (Gutsche 2018), puesto que él defiende la "libertad" de ("nuestras"/ "autóctonas") mujeres estadounidenses, mientras que repetidamente afirma que apoya el matrimonio tradicional (es decir, en oposición al matrimonio entre homosexuales y otros modelos de familia). Sin embargo, el hecho de que Trump no condenara –al menos no públicamente– a las feministas sino que se negara a ser identificado como tal, demuestra que es muy consciente de que necesita reaccionar ante ciertas ideas emancipadoras y, al menos, crear estas paradojas para desviar la atención de clara línea de sus políticas sexual y de género. Su modo, sin embargo, se basa en la apropiación de la feminidad para (re)fortalecer la masculinidad y el patriarcado, al mismo tiempo que intenta "venderla" como algo que ocurre con el consentimiento de las mujeres dentro de una especie de política emancipatoria (entendiendo el feminismo bajo la acepción que representa su hija Ivanka).

Un reciente estudio de la fundación alemana Friedrich-Ebert (FES) titulado *¿El triunfo de las mujeres? El rostro femenino del populismo y la extrema derecha en Europa* (Gutsche 2018) demuestra cómo los partidos populistas de derecha se presentan como defensores de los derechos de las mujeres (especialmente de las mujeres blancas) y, al mismo tiempo, defienden posiciones antiemancipadoras. Un estudio comparativo del "rostro femenino" en seis países europeos muestra que mientras los hombres todavía dominan en la mayoría de los partidos populistas, el número de mujeres está aumentando y que éstas se están haciendo cada vez más protagonistas en los puestos de dirección de los partidos populistas de derecha. Estos partidos buscan limitar la inmigración y enfatizan la idea de una identidad cultural distinta. Sauer (Sauer 2017, véase en Lang 2015) observa el desafío que representa para los actores de derecha hoy en día precisamente el nuevo posicionamiento de las mujeres en los grupos y partidos de derecha y su reivindicación abiertamente expresada de liderazgo. Las mujeres de derecha, que solían ser responsables del mantenimiento del grupo, están ahora orientadas también al trabajo tanto al interior/privado como al exterior/político y, por lo tanto, pueden ser persuadidas en calidad de partidarias, votantes o representantes oficiales. A menudo, estas mujeres se encuentran entre las más firmes defensoras de la política antifeminista y antigenderista. Como también indica el estudio de la FES, el número de mujeres que votan por los partidos populistas de derecha está aumentando, aunque sigue siendo mucho menor que el de los votantes masculinos. Esta tendencia también se pudo observar durante las campañas electorales en Estados Unidos y Brasil, donde las mujeres conformaron una parte considerable del electorado, a pesar de los comentarios abiertamente sexistas y misóginos de los candidatos. También en ambos contextos, hemos observado a grupos de mujeres que se pronunciaron públicamente y que realizaron campañas a favor de los candidatos. Los ejemplos más llamativos fueron *Women for Trump* (Morrison 2018) en EE.UU. o *Mulheres com Jair Bolsonaro Presidente* (Mujeres con el presidente Jair Bolsonaro) en Brasil (Kaiser 2018). Un argumento común de estos grupos es que la igualdad de género ya existe y que los diferentes roles asumidos son el resultado de decisiones y valores individuales. Además, se considera que el feminismo discrimina a los hombres y, por lo tanto, es "anti-masculino" y "anti-igualdad" (Watson 2018; ver también Prandini Assis & Ogando 2018). La consejera de Trump en la Casa Blanca, Kellyanne Conway, subrayó repetidamente su crítica al feminismo, al cual estigmatizó como anti-masculino y pro-aborto:

> Es difícil para mí llamarme feminista en el sentido clásico del término porque parece ser una postura muy anti-hombres y ciertamente es muy pro-aborto, y yo no soy ni anti-hombres ni pro-aborto. Entonces, hay un feminismo individual, si se quiere, donde cada una toma sus propias decisiones (…). Me veo a mí misma como un producto de mis elecciones, no como una víctima de mis circunstancias (Conway véase en Scott 2018).

Conway, de esta manera, también promueve su versión del "sentido común", basada en la incorporación neoliberal de ideas feministas, que le ha llevado a considerar sus propios logros como el resultado de sus decisiones personales, y no como consecuencia de las estructuras de poder subyacentes que crean desigualdades de las cuales ella saca provecho. A partir del pensamiento binario, el feminismo se construye como "anti-masculino" y "pro-aborto". Argumentos similares fueron hallados entre representantes del movimiento del *Tea Party*, como Sarah Palin, quienes vieron amenazada su forma de vida por el feminismo liberal representado por Hillary Clinton. En particular, Donald Trump también ha afirmado que "no es feminista", porque "él está para todos": "Estoy para las mujeres, estoy para los hombres, estoy para todos." (Scott 2018; Cohen 2017). Como indican los comentarios de Trump, los populistas de derecha tienden a reducir el feminismo a una ideología que promueve el odio hacia los hombres, lo cual encaja perfectamente en su cosmovisión maniquea. Sus comentarios también se oponen a la política de diversidad impulsada por Barack Obama quien, en un discurso durante la Cumbre de Mujeres de los Estados Unidos en el 2016 en Washington D.C., se presentó a sí mismo con las siguientes palabras: "Puede que esté un poco más canoso de lo que estaba hace ocho años, pero así es como se ve un feminista" (Rhodan 2016).

Este fenómeno también puede observarse en el importante papel de las "mujeres modelo" de la derecha, quienes aparecen como defensoras de los candidatos o partidos de la derecha, o de las políticas por derecho propio. Un hecho muy significativo fue la decisión de Bolsonaro de abolir el ministerio de derechos humanos para sustituirlo por el recién creado "Ministerio de la mujer, la familia, los derechos humanos y los pueblos indígenas", para el cual eligió a la pastora evangélica y firme anti-feminista, Damares Alves, como ministra de asuntos de la familia. Durante la presidencia izquierdista de Dilma Rousseff, Brasil tenía un "Ministerio de la Mujer, la Igualdad Racial y los Derechos Humanos", que su sucesor Michel Temer rebajó a la categoría de Secretaría de Políticas de la Mujer. Primero, bajo la jurisdicción del Ministerio de Justicia y luego, en junio de 2018, bajo el Ministerio de Derechos Humanos (Phillips 2018, s.l.). El nuevo ministerio también estará a cargo de la Fundación Nacional del Indígena (FUNAI), una institución anteriormente independiente que se ocupa de regular cuestiones relacionadas con las comunidades indígenas del país. La FUNAI se encarga de proteger las zonas habitadas por grupos indígenas y es una de las últimas líneas de defensa de Brasil contra proyectos extractivistas en el territorio. Vincular la fundación al ministerio significa ponerla en manos de Alves y de Bolsonaro, quienes están en contra de las reservas debido a las limitaciones que representan para los intereses de las empresas privadas (Telesur 2018). La elección de Alves, quien es decididamente "pro-vida" y ha manifestado "queremos un Brasil sin abortos" (Phillips 2018), ha sido recibida con preocupación por representantes indígenas y feministas. Al igual que la asesora de Trump en la Casa Blanca, Conway, Alves manifestó en una entrevista en marzo del 2018 que percibe el feminismo como anti-masculino: "Es como si hubiera una guerra entre hombres y mujeres en Brasil. Esto no existe" (Phillips 2018). Curiosamente, Alves defendió el matrimonio entre personas del mismo sexo, el cual es legal en Brasil, y declaró su apoyo a los movimientos LGBT (Phillips 2018; Telesur, 2018).

Sin embargo, ella también está en contra de la educación sexual en las escuelas, plasmando así la voluntad de Bolsonaro de eliminar el tópico de las escuelas públicas y prohibir el uso de conceptos como "perspectiva de género". La posición conservadora y populista de Alves también se expresa en el hecho de que ella es una de las fundadoras de *Atini - Voz Pela Vida* (Atini - Voz por la Vida), un grupo dedicado a adoptar y reubicar a niños indígenas de comunidades y educarlos en el cristianismo evangélico. Alves misma ha adoptado a una niña indígena. También representa un caso ejemplar para la tendencia del antifeminismo como alianza para el "bien" del "pueblo" o "nación". El anti-genderismo funciona así como una especie de remedio en favor de las jerarquías de género y del privilegio masculino, una estructura que expande el antifeminismo y lo coloca por encima de los estudios de género como un modelo alternativo de conocimiento (Dietze 2015, 126, véase en Maihofer y Schutzbach 2015).

Las mujeres conservadoras y religiosamente motivadas, como Alves, se identifican con los roles tradicionales naturalizados de género y justifican su apoyo mediante su interés por el bienestar y la protección de los niños, la familia y la nación, así como por la política "pro-vida". También ganan poder al alinearse con hombres a través del racismo (de la misma manera que las mujeres son importantes para los hombres populistas, la discriminación racial contra otras personas es importante para las mujeres de derecha). Como sostiene

Seeßlen (2017, 43), además de los tradicionales y reaccionarios roles de género que Trump representa, muchas de sus votantes femeninas pueden haber votado por él a pesar de su sexismo, ya que consideran alguna de sus promesas como la creación del muro contra los extranjeros, la "salvación" económica y la recuperación de una grandeza y de un orden perdidos, que para ellas son más importantes. Al demonizar el feminismo como "anti-masculino", "sexista" y exclusivo, los movimientos "Mujeres con Trump" y "Mujeres con Bolsonaro" representan además una forma de autodeterminación occidental a través de un mejor régimen relacionado al género. Una noción que les permite a las mujeres participantes reconocerse a sí mismas como plenamente emancipadas y no sentirse afectadas por la discriminación estructural, la cual se proyectaría sobre otras mujeres y "culturas". En este sentido, las mujeres blancas "ganan" y obtienen ventaja gracias a la alianza femonacionalista que han firmado con hombres blancos en contra de los inmigrantes (véase Farris 2012 y 2017). Al distinguirse de las sexualidades no heteronormativas y no binarias así como de otros "enemigos" como las feministas y la "ideología de género", la superioridad occidentalista se construye, se define y se mantiene. Los discursos de género ayudan así a reunir una amplia alianza de voces conservadoras. La oposición a la política emancipadora de género o contra la "ideología de género"- une política e ideológicamente (y de manera selectiva) a estos actores. Las políticas de familia y de género son una de las áreas clave en este campo.

3.3. Patrón III: Remasculinización (blanca): contra la "ideología de género"

Durante su reunión con Donald Trump en marzo del 2019, Jair Bolsonaro afirmó estar de acuerdo con Trump con respecto a su rígida posición en contra de la "ideología de género".

La administración Obama había implementado varios programas federales que ampliaron el concepto legal de género como una elección individual y no asignada al nacer o por predeterminación biológica. Trump, impulsado por conservadores y cristianos evangélicos, pretende establecer una definición legal del sexo (biológico) bajo el el artículo IX, la ley federal de derechos civiles, financiada por el gobierno, que prohíbe la discriminación por género en los programas educativos (Green, Benner and Pear 2018). La administración Trump ha tratado de impedir que las personas transgénero sirvan en el ejército y ha cuestionado legalmente las medidas de protección de los derechos civiles para las personas trans incluidas en la ley nacional de atención a la salud e insiste en definir el género como algo estrictamente determinado por lo biológico (Green, Benner, Pear 2018). Varias agencias han suspendido las políticas en las que se reconocía la identidad de género en las escuelas, así como las prisiones y los refugios para personas sin hogar. La administración Trump incluso trató de eliminar las preguntas referentes a la identidad de género en el censo del 2020 y de una encuesta nacional de ciudadanos de la tercera edad, eliminando el término "género" de los documentos de la ONU en materia de derechos humanos (Borger 2018). Al hacerlo, Trump estaba atendiendo a las demandas de actores cristiano-conservadores como Roger Severino, ex director del Centro DeVos para la Religión y la Sociedad Civil de la Fundación Heritage, quien se encontraba entre los conservadores que se sentían intimidados por los esfuerzos de la administración Obama para expandir el concepto de sexo, de modo tal que incluyese la identidad de género, la cual denominó "ideología de género radical".

Mientras que Trump es novato en la política –y representa en cierto sentido a la perspectiva del "outsider", ya que no se identifica con la línea del Partido Republicano–, Bolsonaro posee tras de sí una larga carrera política, durante la cual promovió posiciones que ahora puede impulsar con más contundencia. A lo largo de sus 28 años como congresista , con frecuencia realizó comentarios despectivos sobre homosexuales, mujeres, grupos indígenas y la población afrobrasileña. Aunque tales comentarios siempre suscitan severas críticas, también despiertan atención sobre él y alimentan su narrativa de ser alguien que está desentendido de lo políticamente correcto. Bolsonaro fue uno de los primeros que se opuso a la decisión que tomó la Corte Suprema en el año 2011, mediante la cual se legalizó el reconocimiento de las parejas del mismo sexo. Para ello, contó con el apoyo del bloque parlamentario evangélico, que también fue crucial para su exitosa candidatura presidencial, y el cual busca socavar la expansión de los derechos sexuales y reproductivos, el matrimonio entre personas del mismo sexo y el derecho al aborto legal, libre y seguro. También en 2011, Bolsonaro lideró una campaña contra materiales educativos inclusivos desarrollados por el Ministerio de Educación, los cuales debían confrontarse con la discriminación y con la violencia contra los grupos LGBT. Al satanizarlos como un "kit gay", Bolsonaro criticó el programa como una amenaza para el binario sexual y para los niños y las familias brasileñas; por lo tanto, los materiales fueron posteriormente descontinuados por el Ministerio. Sin embargo, durante su visita a los Estados Unidos, al ser confrontado por un periodista debido a un video publicado por el político en el que se mostraba a dos hombres homosexuales teniendo relaciones sexuales en público durante el carnaval, Bolsonaro negó ser un homófobo. La administración Trump en los Estados Unidos y varios gobiernos europeos han desarrollado recientemente una retórica similar, como puede observarse con la AfD en Alemania, la cruzada antigénero de Víctor Orbán en Hungría o en movimientos similares en Polonia, España o Austria. Narrativas análogas a estas ya han venido circulando desde la década de 1990 en círculos intelectuales conservadores y católicos (véase Case 2019).

Sabine Hark y Paula Irene Villa (2015) definen el "anti-genderismo" como una "contra-postura". Un rechazo hacia el género" como algo antinatural y, por lo tanto, una forma post-esencialista de género (y de sexualidad) (7). Además, las autoras presentan las acusaciones de aquellos a quienes denominan la "alianza anti-género" y tachan su terminología "pseudociencia" o "moda del género" (ibidem. 18, traducción J.R.), que atenta abierta y vehementemente contra los investigadores que se dedican a este tema. Con respecto a la devaluación de toda un área de investigación por parte de la derecha, los autores perciben un "ataque profundamente antidemocrático a la libertad de investigación y al ejercicio de la docencia" (ibidem, 33, traducción J.R.). Una asociada "guerra contra la 'ideología de género'" (Assis y Obando 2018) también se expresó a través de nuevas olas de violencia sexista, racista, homofóbica y transfóbica, en las que el asesinato de la política brasileña negra abiertamente homosexual, Marielle Franco, se erige como un símbolo vigente. Los logros, que muchos habían dado por sentado, están siendo nuevamente cuestionados. Numerosos partidos populistas de derecha hacen que el lenguaje racista y sexista sea socialmente aceptado y el gobierno de Bolsonaro ha continuado con la rápida reducción de las políticas y de instituciones de acción afirmativa que el presidente Lula da Silva había instaurado.

Trump ha tomado una postura crítica sobre el matrimonio entre homosexuales, pero declaró que la decisión debe permanecer bajo la jurisdicción de cada uno de los Estados. Después del fallo de la Suprema Corte en favor de la legalidad del matrimonio homosexual, declaró que esta decisión debía ser aceptada y que ya no sería un tema a tratar en las campañas electorales. En septiembre del 2015, incluso le solicitó al administrador civil, Kim Davis, de Kentucky, que dejara de negar certificados de matrimonio a las parejas homosexuales. Otros republicanos han criticado a Trump por su posición liberal al respecto. Por lo tanto, parece ser que Trump tiene una posición ambigua sobre el tema y que carece de una agenda o doctrina religiosa definida. En cambio, prefiere utilizar diferentes argumentos para las diferentes estrategias que aplica o que mantiene conscientemente en un estado de ambigüedad.

En su libro *The America We Deserve* (La América que nos merecemos) (2000), Trump expresó su posición pro-elección en relación al aborto y más tarde enfatizó su postura en una entrevista. Sólo durante la campaña presidencial del 2016, declaró estar "a favor de la vida" y, por lo tanto, en contra del aborto, presumiblemente con el fin de ganar la aceptación y el apoyo de los republicanos conservadores. Sin embargo, Trump también ha afirmado que está a favor del derecho al aborto en ciertos casos. Esta posición inconstante apunta a su empleo estratégico de temas de género, que Trump utiliza e interpreta para servir a sus objetivos políticos, no por convicción política o moral.

Como han demostrado las complejas constelaciones y alianzas en estos ejemplos, parece que hay más en juego que una simple revuelta de aquellos socialmente marginados. De manera aún más compleja, están en juego variadas dinámicas interseccionales, en las que un (percibido) estado precario se mezcla y/o se entrecruza con una variedad de factores tales como el miedo a la pérdida de privilegios y el deseo de mantener –o ganar– supremacía. Grzebalska, Covets y Petö (2018) subrayan los impactos afectivos de las políticas populistas de derecha y sostienen que el concepto de "ideología de género" se ha convertido en una metáfora del orden socioeconómico desigual, un significante del percibido fracaso de la representación democrática y en un medio para rechazar las "diferentes facetas" de este orden. Las políticas de igualdad han llegado a significar "todo lo que está mal en el estado actual de la política" (33), desde la percepción de que las políticas en torno a la identidad tienen prioridad sobre las cuestiones sociales y materiales; el contexto de la seguridad social, cultural y política; hasta la enajenación de las élites sociales y políticas, y la creciente influencia de las instituciones transnacionales y de la economía global (34). Los autores argumentan que además de demonizar lo políticamente correcto y el paradigma de los derechos humanos, la oposición a la "ideología de género" se moviliza a través de la propuesta alternativa que se centra en la nación, la familia, los valores religiosos y la libertad de expresión, y que "descansa sobre la identificación positiva de la elección propia de un individuo, así como sobre otra que promete una comunidad segura como remedio contra el individualismo y la atomización" (34). Finalmente, a través de la oposición a las políticas de género y a las agendas de izquierda (políticas de identidad) –que se reconectan con ideologías excluyentes históricas–, los populistas de derecha han logrado unirse y crear alianzas con una serie de actores, incluyendo grupos religiosos que abarcan desde iglesias cristianas, musulmanas y judías fundamentalistas, hasta partidos conservadores y de extrema derecha (34). Las redes sociales juegan un papel fundamental en la formación de "burbujas" y "redes" o "comunidades" de personas con pensamientos similares, además de resaltar el rol de víctima del anti-genderismo.

La política derechista de los programas anti-genderismo y las acciones anti-afirmativas responden a la noción populista de derecha de una amenaza a la familia y a la nación. Los programas de acción afirmativa y los activistas por los derechos de género son considerados como minorías injustamente beneficiadas, que gozan de privilegios que le son negados al "auténtico" pueblo. A través de la idea de "ideología de género" como una amenaza globalmente difundida, ésta se proyecta a escala mundial y se le otorga una dimensión religiosa, de modo que se constituya en una amenaza fundamental y abarcadora en todo orden de cosas.

3.4. Patrón IV: “ideología de género” como “colonización ideológica”: Anticolonialismo inverso en las alianzas religiosas radicales y femoglobales.

Foto no. 4: Manifestación por todos/as. 4.300 personas se manifestaron el 28 de febrero de 2016 en Stuttgart por el matrimonio y la familia y contra la “ideología de género” y la sexualización de los/as niños/as. Febrero 2016. Flickr.

Mientras que la administración de Trump ha tomado una postura clara contra ciertas nociones y políticas de género, Prandini Assis y Ogando enfatizan las conexiones entre el tono abiertamente violento de Jair Bolsonaro contra las mujeres y las comunidades LGBT en Brasil y lo que describen como un movimiento globalmente creciente que promueve “la guerra cultural-religiosa contra la llamada ‘ideología de género’” (Prandini Assis y Ogando 2018, véase en Caso 2019). El término “ideología de género” se originó en el Vaticano en la década de 1990, cuando una estrategia que llegó a conocerse como *gender mainstreaming* –esfuerzos progresistas para hacer de la igualdad de género un tema central de los documentos y políticas de las Naciones Unidas– entró en la política.

En nuestros dos casos ejemplares de Estados Unidos y Brasil, los gobiernos cuentan con un amplio apoyo de la iglesia católica y de ciertos sectores de las iglesias evangélicas y pentecostales más fundamentalistas . Donald Trump pertenece a la iglesia presbiteriana, pero no es religioso. Su estilo de vida, sus expresiones y por el número de matrimonios que ha tenido, Trump no representa un ideal ligado a la Iglesia. De hecho, es considerado el presidente "más profano" de los EE.UU. y el único que asumió el cargo no por su religiosidad, sino a pesar de la ausencia de ésta (Süddeutsche Zeitung 2017). Sin embargo, Trump se apoya en un círculo de consejeros evangélicos que fundó durante su campaña electoral, conformado predominantemente por pastores de grandes iglesias. Su consejera espiritual es la pastora de televisión Paula White, quien es representante de la teología pentecostal y de la filosofía del "pensamiento positivo", así como del "evangelio de la prosperidad" (Bassimir 2018, 292). Aunque Trump cuenta con el apoyo de numerosos actores evangélicos, esta alianza parece ser predominantemente estratégica, lo que le ha valido tanto votos como apoyo.

Jair Bolsonaro, a diferencia de Donald Trump, siempre ha sido un creyente muy devoto. Aunque fue bautizado como católico-romano, ha estado asistiendo a los servicios de la Iglesia Bautista a la que pertenecen su esposa e hijos desde 2008. Su tercer matrimonio - una circunstancia no tan devota que comparte con Trump- se celebró en la iglesia pentecostal *Assambleia de Deus* y, en el 2016, incluso fue bautizado por segunda vez en el río Jordan por el pastor de la mencionada iglesia y líder del *Partido Social Cristão*, Everaldo Pereira. Las posturas sociales y políticas de Bolsonaro están cerca de las posiciones de los pentecostales y cuenta con el fuerte apoyo de la iglesia.

Mary Ann Case (2019) argumenta que la actual política antigénero en Estados Unidos como, por ejemplo, la exclusión impulsada por Trump de las personas trans a las que no se les permite formar parte del ejército, ha sido respaldada por católicos, evangélicos y otras fuerzas conservadoras. De hecho, ésta se remonta a una larga trayectoria de discursos religiosos anti-género fuera del país. A través de un seguimiento de las respectivas posturas del Papa Benedicto XVI de Alemania y del Papa Francisco de Argentina, así como de las más amplias y afines "corrientes intelectuales", Case vincula las expresiones locales con una circulación global de estas posiciones a través del inmenso poder y la amplia aceptación de los líderes religiosos. Es de destacar, como argumenta Case, que ambos papas desplegaron su discurso antigénero en el contexto de decisiones legislativas en favor de éste. Durante la Conferencia Internacional sobre Población y Desarrollo, celebrada en el Cairo, en 1994, y durante las reuniones preparatorias del Comité para la IV Conferencia Mundial de Mujeres (Beijing 1995), el Vaticano articuló ataques severos contra estos eventos a través de publicaciones elaboradas por grupos conservadores católicos con sede en los EE.UU. Entre éstas, destacaron The Gender Agenda, escrita por la periodista católica pro-vida, Dale O'Leary, y otros documentos del Vaticano que incluían referencias realizadas por el cardenal Joseph Ratzinger (más tarde Papa Benedicto). Aun sin haber utilizado el término "género", el reporte que Ratzinger elaboró en 1980 contiene todos los elementos que posteriormente los opositores conservadores utilizarían y llamarían "ideología de género" (véase Case 2019, 640). Esto sucedió en un contexto en el cual tanto el discurso público como el debate legislativo en Alemania se perfilaron hacia una dirección más emancipadora. La legislación federal alemana legalizó procedimientos para el cambio de sexo en personas trans, mientras que las publicaciones feministas, las cuales destacaron la construcción social de los roles de género, se convirtieron en bestsellers. Ratzinger llevó al Vaticano una fuerte y conservadora postura antigénero. Para el Vaticano, el término género serviría para deconstruir las diferencias sexuales y desmantelar los tradicionales valores familiares. Este suceso originaría una "guerra entre sexos, la devaluación de la maternidad, la promoción de la anticoncepción y el aborto, la aceptación de parejas y padres homosexuales y el deterioro del matrimonio" (Prandini Assis y Ogando

2018). Cuando Francisco asumió el papado en Roma, su país de origen había implementado una de las leyes "más generosas" en favor de los derechos para las personas transgénero así como muchas otras medidas emancipatorias en el marco de la igualdad de género, tales como la legalización del matrimonio igualitario, la práctica comercial de la gestación subrogada (2010) y otras formas de procreación artificial (2011).

El Papa Francisco parece ser menos rígido en lo que concierne a temas de género que su predecesor alemán. Sin embargo, poco después de asumir el cargo, Francisco introdujo la noción de "colonización ideológica" para condenar a los gobiernos, a las ONG's de la Unión Europea y de los EE.UU. u otras instituciones multinacionales o supranacionales que vinculaban las subvenciones para la educación de los pobres "bajo la condición de que se enseñaran 'teorías de género'" (Francisco 2015 véase en Case 2019, 649). Con esta declaración, al hablar en nombre de "los pobres" y, al mismo tiempo, considerando que "sus" valores -los cuales pretenden coincidir con los de la Iglesia católica- están siendo corrompidos y amenazados por la "ideología de género", Francisco invierte la mirada y la jerarquía del discurso clásico de la víctima. Este discurso también se encuentra en la izquierda y en los activistas críticos de las políticas de desarrollo de occidente. Junto a las "pobres" víctimas de este tipo de medidas, las jerarquías de género católico-conservadoras pueden ser presentadas como parte de una minoría bajo amenaza o ataque. No es la iglesia la que proselitiza a "los pobres" sino que, en el giro retórico de Francisco, todos los católicos –y otros cristianos conservadores y creyentes de otras religiones–pueden imaginarse a sí mismos como víctimas, ya que sus valores e identidades están gravemente amenazados. Un patrón similar puede observarse entre (predominantemente, pero no exclusivamente, hombres blancos) activistas en internet alrededor del denominado *Alt-Right*, quienes ven en el "genderismo" a un régimen opresor y se ven a sí mismos no como agresores, sino bajo una condición de permanente amenaza (véase, por ejemplo, Diehl et al. en *Der Spiegel* 2019 analizando las conexiones del atacante de Christchurch, Brenton Tarrant, con las redes de derechas).

El Papa Francisco ha expresado su más contundente oposición hacia los materiales educativos que tratan la diversidad sexual. Posturas ideológicas como ésta se insertan en un amplio sector de la sociedad y pueden ser encontradas en todo el espectro social y político así como en diferentes lugares. Como consecuencia de su postura, Francisco ha ganado aprobación entre algunos, incluso más allá de los conservadores tradicionales, y encontró "resonancia entre aquellos sindicados como colonizados, desde el Sur Global hasta en Europa del Este" (Case 2019, 650). Como sostiene Case, su postura resuena particularmente en los EE.UU. El término y el concepto de "ideología de género" o "agenda de género" han sido recientemente adoptados por los "guerreros de la cultura norteamericana católica" de derecha. Esto les permite abarcar eficazmente una serie de aspectos bajo el mismo término. Como observa Case, "un número desproporcionado" de pronunciamientos públicos, tales como los del capellán militar, Timothy Broglio, abordan temas que son demonizados por el Vaticano bajo el término "agenda de género". Case concluye que las demandas por los derechos de feministas y personas trans "no son un componente adicional reciente, sino uno de carácter fundacional, (...) para el Vaticano y su esfera de interés sobre asuntos de "género" y que el énfasis de dicha atención se vincula al desarrollo de leyes seculares" (Case 2019,640). Género, por lo tanto, parece cumplir una función particular dentro del discurso vaticano así como en el contexto de más alianzas entre actores católicos conservadores, protagonistas populistas de derecha y movimientos radicales de derecha. El discurso de la derecha, inspirado por la iglesia católica, ofrece a este tipo de actores una representación política, les permite afirmar sus puntos de vista y estilos de vida tradicionales, y defenderlos contra los peligros que se avecinan. Case hace referencia a la Conferencia Humanum, un coloquio internacional de 2014, que fue organizada por el Vaticano y se dedicó a tratar "la complementariedad entre el hombre y la mujer", así como la importancia del matrimonio. Esta conferencia incluyó a personas que profesaban distintos credos y participaron en ella muchos conservadores anti-LGBT de los EE.UU. Esta conferencia brinda un ejemplo claro sobre el carácter unificador del género –o, específicamente, del anti-genderismo para la lucha contra la "ideología de género"– como un espacio en común hacia donde dirigir sus preocupaciones y atacar al enemigo común:

> La Conferencia Humanum de 2014 presenta el rostro público del futuro: con el dinero de los EE.UU., trajo al corazón del Vaticano a representantes de tradiciones de fe, cuyo principal punto en común con éste era su mutua oposición a LGBT, a las mujeres y a los derechos reproductivos, (...) la oposición a la "ideología de género" ha unificado a católicos conservadores con personas de otros credos de todo el mundo con las cuales están de acuerdo en poco más que en la necesidad de luchar contra la "ideología de género" (Case 2019, 658)

En América Latina, las campañas anti-género han cobrado impulso ante el contexto de auge que experimentan los grupos religiosos pentecostales o neo-pentecostales y el simultáneo debilitamiento de presidencias – algunas femeninas– progresistas en Argentina, Brasil y Chile. Como Prandini Assis y Ogando señalan, grupos religiosos conservadores unieron fuerzas con cada vez más élites políticas populistas opositoras en acalorados debates "para presentar a la 'ideología de género'" como un enemigo común" (Prandini Assis y Ogando 2018). La "ideología de género", por lo tanto, ha cumplido la función de convertirse en el "enemigo interno" y simultáneamente en una amenaza "externa" global. En consecuencia, el tema de género cumple un rol crucial dentro de la lógica populista, debido a la construcción de estos enemigos como una amenaza para la comunidad y (para la reproducción "natural") de la nación. El género puede constantemente ser resignificado y crear diferentes enemigos a través de un "pánico moral" causado por políticas sexuales (véase Prandini Assis y Ogando 2018) así como por la idea de una amenaza existencial.

El anticolonialismo o el marco anti-colonial, vislumbrado por la derecha, proporciona un "nuevo lenguaje" que yo denomino "anticolonialismo inverso", en sintonía con las lógicas populistas, que demonizan a las élites globales y defienden a la "gente promedio" equiparando el igualitarismo de género con la colonización. Los conservadores religiosos, por otro lado, se presentan a sí mismos como una minoría asediada. Muchas mujeres, en clara afinidad con esta noción, expanden un marco femonacionalista hacia otro de escala internacional y femoglobal. Su posición de ventaja les posibilita imaginarse a sí mismas como completamente emancipadas y estar en posesión de un régimen sexual más avanzado y moralmente superior, del cual defensores de otros modelos y posiciones son excluidos.

3.5. Patrón V: "Etno-Sexismo" e "interseccionalidad exclusiva"

En su estudio sobre los partidarios del *Tea Party* en Luisiana, titulado *Strangers in Their Own Land*, la socióloga Arlie Russell Hochschild (2016) analizó el componente emocional de las personas que se sienten superadas por las mujeres y los/las afroestadounidenses. Según esta agrupación, dichas personas reciben un apoyo inmerecido que les es negado a quienes llevan mucho más tiempo en la "fila de espera". Como explica Hochschild, promesas como la del eslogan de Trump *Make America Great Again* proporcionan a estos partidarios un cierto alivio emocional y una cierta euforia frente a la amenaza del capitalismo global y del cual se han convertido en sus víctimas. Numerosos teóricos del actual populismo de derecha subrayan la función de esta lógica una praxis de interpelación y un esquema comunicativo que construye enemigos internos (los estudios de género vinculados a los activistas feministas y LGBQTI), así como enemigos externos (los inmigrantes y una "ideología de género" que amenaza al mundo), que ponen en riesgo la seguridad, los valores y la supervivencia. El populismo de derecha funciona en consecuencia como un alivio y un gesto reaccionario en el complejo mundo del (neo)liberalismo, expresado en el odio y en la construcción de la amenaza del mundo liberal. De acuerdo con este patrón, el populismo de derecha funciona como un ataque a las formas comunicativas del "populismo liberal" (Stegemann 2017, 94) y a sus representantes concretos como las élites políticas, culturales y mediáticas o los gays y feministas –o "ideología de género"– en vez constituir un cuestionamiento de las estructuras económicas y las desigualdades sociales.

En su texto titulado, "Cuatro tesis sobre la relación entre el populismo de derecha y el anti-genderismo (y un medio para superarlos)", Eva von Redecker sitúa la función del racismo y de las ideologías sexistas en un contexto de modos de producción capitalistas que permiten la elotación de los respectivos grupos y "suavizan" la vida de los hombres obreros blancos quienes, a pesar de su precaria situación económica, se pueden sentir simbólicamente superiores. Cuando la erosión de las jerarquías ideológicas genera que se agudice la precariedad económica, como en el contexto de la expansión neoliberal, el populismo derechista logra distraer la atención sobre las experiencias de precariedad creando temor ante la pérdida simbólica de estatus por medio de imágenes enemigas (von Redecker, 2017). Sin embargo, es muy discutible si este fenómeno puede reducirse tan fácilmente a la "clase obrera blanca", ya que los partidarios de las ideas populistas de derecha están constituidos cada vez más por un sector aburguesado, así como por hombres y mujeres de clase media.

La política de Trump demuestra muy claramente cómo la adscripción externa negativa sirve tanto para producir un sentido de superioridad propia a través del patrón colonial "occidentalista" (Coronil 1996) como para distraer la atención de los propios déficits emancipatorios (y de la misoginia y el sexismo). Un discurso que Dietze ha definido, en analogía con la postura de un "excepcionalismo americano" (mediante el cual se posiciona a los Estados Unidos como la mejor y más "completa" versión de todas las sociedades y democracias), como "excepcionalismo sexual" (Dietze 2016). Representantes de los movimientos pro-Trump o pro-Bolsonaro como así también figuras de la política abiertamente gay, Alice Weidel, del partido AfD en Alemania, representan en diferentes grados el fenómeno de la explotación y la captación de temas feministas por medio de campañas anti-musulmanas y xenófobas que Sara R. Farris describe como "femonacionalismo" (Farris 2012 y 2017). Al caracterizar a los hombres musulmanes o aquellos no blancos y/o "no pertenecientes" a sociedades occidentales como peligrosos y opresores de mujeres y al enfatizar al mismo tiempo la necesidad de rescatar a las mujeres musulmanas y migrantes, estos grupos utilizan la igualdad de género para justificar su retórica y sus políticas racistas. Argumentos similares también pueden encontrarse en la retórica de ciertos grupos gays y LGBT que combinan un discurso nacionalista con argumentos racistas y xenófobos y, a menudo, son captados por grupos de derecha, un fenómeno que Jasbir Puar (2007) ha denominado "homonacionalismo" (Puar 2007). Farris analiza cómo esta práctica también cumple una función económica, ya que las políticas neoliberales de integración cívica y los grupos feministas incluyen a las mujeres inmigrantes musulmanas y no occidentales en las segregadas industrias domésticas y de cuidado o atención personal, a la vez que afirman que fomentan la emancipación de estas. A través de estas "inclusiones", en cambio, las mujeres blancas se benefician a través de su alianza con hombres blancos. Así, por un lado, a través de la narrativa "etno-sexista" (Dietze 2016b) del inmigrante o perpetrador sexual musulmán, las masculinidades supuestamente oprimidas y silenciadas pueden imaginarse una vez más como "protectoras". Para los populistas de derecha, la transgresión del género naturalizado y de las fronteras étnicas/culturales/nacionales –las cuales definen las posiciones binarias y jerárquicas de género, así como la heterosexualidad como la norma y orden "natural"– amenaza la supuesta homogeneidad. La exclusión del transgresor de este orden/comunidad y la suspensión de grupos marginados como los inmigrantes está, por lo tanto, justificada. Se trata de un uso estratégico del género y de la etnia para referirse a procesos y dinámicas de otredad o de interseccionalidad exclusiva a los que Sauer se ha referido como "interseccionalidad desde arriba" (Sauer 2013). Irónicamente, la famosa frase de Gayatri Spivak sobre "los hombres blancos salvan a las mujeres de color marrón de los hombres de color marrón" ha dado un giro, en este contexto de alianza femenina (y, en parte, feminista) con el discurso racista nacionalista-conservador y de derecha, que podría ser parafraseado así: "las mujeres blancas salvan a las mujeres de color marrón de los hombres de color marrón". Por otro lado, la posición de los hombres es la de un imaginario de "hombres blancos que salvan a las mujeres blancas de los hombres de color marrón" (véase también Dietze 2013, quien explica la larga tradición de este patrón en los Estados Unidos plasmado a través del llamado "complejo de linchamiento a los violadores").

En la mayoría de los discursos populistas de derecha contemporáneos, la incapacidad -o, mejor dicho, el fracaso (o la renuencia) frente a las políticas liberales o de izquierdas- para resguardar las fronteras nacionales de la "ilegal" e indeseable inmigración, la cual, según su postura, se moviliza como una importante tropa y significa una severa amenaza para la existencia misma de la "cultura" y la población de los países "autóctonos". Tanto Donald Trump como Jair Bolsonaro trabajan para lograr implementar políticas de inmigración más severas, a través de la vigilancia y de la militarización de sus fronteras nacionales. Ambos también utilizan argumentos aparentemente feministas (o pro-mujeres) para tratar temas como demografía, ciudadanía, pertenencia e inmigración (bajo una lógica de defensa). Poco tiempo después de la toma de posesión del cargo, Trump comenzó a desactivar el programa DACA (Acción Diferida para los Llegados en la Infancia). Un programa para la protección temporal contra la deportación y en favor del derecho a vivir, estudiar y trabajar en los EE.UU. para los hijos de los inmigrantes, concedido bajo la administración de Obama. Adicionalmente, puso en vigor su *muslim ban* o restricción de visas para ciudadanos de siete países predominantemente musulmanes y prometió construir un muro militarizado entre Estados Unidos y México para frenar la inmigración ilegal. Asimismo, Trump ha enfatizado continuamente su objetivo de anular el actual *ius soli* o "derecho de suelo" y así dejar de otorgar la ciudadanía estadounidense. A menudo, ha argumentado que esta ley motivó a las mujeres migrantes mexicanas a venir a los Estados Unidos a tener hijos a fin de obtener la ciudadanía estadounidense, tal como expresa en el discurso sobre los llamados "bebés ancla" (ver Boatcă y Roth 2016; 2019). Durante su campaña electoral, causó indignación cuando calificó a los inmigrantes mexicanos de violadores –y, por ende, de ser una amenaza para las mujeres "autóctonas" y para el futuro del "*heartland*" o "nación"– y dijo que eran traficantes de drogas y delincuentes. Cuando los padres del capitán del ejército estadounidense, Humayun Khan, un soldado musulmán asesinado en la guerra de Irak denunciaron, durante la Convención Nacional Demócrata, a Trump por sus comentarios sobre el Islam y la inmigración, éste los atacó y afirmó que la madre de Khan debería guardar silencio porque su religión la obligaba a hacerlo. Trump causó otro escándalo mediático cuando definió a Haití, El Salvador y a algunas partes de África como "países de mierda" (Kendi 2019), lenguaje que implica una clara jerarquía racial. Ibram X. Kendi (2019) enfatiza que Trump sitúa a los blancos por encima de los asiáticos, y a ambos por encima de los latinos y negros provenientes de esos "países de mierda". Concluye que el comentario de Trump sobre los "países de mierda" (o pocilgas, *shithole countries*) es evidencia de que él es más pro-blanco que anti-inmigrantes.

Al igual que Trump, Bolsonaro ha trazado repetidamente un paralelismo retórico entre la nación y el hogar familiar, por medio de frases como "nuestra casa (…) nuestro Brasil" (Espinoza y Brunt 2018). Inmediatamente después de su toma de posesión en enero de 2018, Bolsonaro retiró a Brasil del pacto de la ONU sobre migración -el mismo que el gobierno de Trump se había negado a firmar (París 2019). También, implementó estrictos regímenes fronterizos, particularmente en el norte de Brasil y actualmente en la frontera con Venezuela (ver Espinoza y Brumat 2019). De manera reveladora, durante su visita a Trump en marzo del 2019, Bolsonaro prometió eliminar las "restricciones" de visado para los ciudadanos estadounidenses (las cuales son/fueron recíprocas, ya que Brasil es/fue el único país que introdujo las mismas normas para la obtención de visados para los ciudadanos norteamericanos que los Estados Unidos exigen a los ciudadanos del país sudamericano).

Ambos líderes expresan una firme postura de supremacía blanca y anti-inmigrante, pero las alianzas y narrativas de naturaleza cambiante son a veces contradictorias. La correspondiente paradoja del "anti-genderismo" se expresa en el hecho de que, mientras se persigue un objetivo de extrema derecha y anti-feminista, muchos actores populistas de derecha simultáneamente defienden la libertad y la emancipación de "sus propias" mujeres llevando a cabo así una política liberal, si no feminista. Dietze describe tales contradicciones aparentes en el discurso populista de derecha como "paradojas dinámicas" en las que el programa de retradicionalización se fusiona con un programa supuestamente de "emancipación" donde se combinan factores aparentemente contradictorios: el conservadurismo programático de género, el liderazgo de mujeres y la aseveración de que las mujeres occidentales ya se encuentran emancipadas. La paradoja consiste en la "simultaneidad" de las convicciones tradicionales centrales y una "performance emancipadora" (Dietze 2018, 36) que tiene como objetivo modernizar los modelos de género de la derecha y desvincularlos del estigma que posee la derecha radical. Estas contradicciones no están resueltas, sino que están en movimiento y se renegocian constantemente (35). Tal "progresismo simulado" (Dietze 2015) tiene el efecto adicional de minimizar los propios déficits de emancipación y "silenciar a las mujeres y a los activistas homosexuales a través de un 'dividendo occidental'", para captarlos y encolumnarlos en una posición anti-inmigrante. De manera similar a lo que ocurrió en los llamados "Eventos de Año Nuevo" en Colonia, Alemania, entre el 2015 y el 2016, Trump, por medio del imaginario del "violador mexicano", proyectó la amenaza de la violencia sexual sobre un enemigo externo, un inmigrante, un hombre no blanco, de quien había que proteger a las "mujeres". A través de esta forma de "etnosexismo" (Dietze 2018), por un lado, se intenta justificar las restricciones en las políticas de inmigración y, por otro, subraya que una sociedad "decente" y libre de violencia sexual puede ser imaginada. A través de esta "externalización" del sexismo/violencia sexual, los actores populistas de derecha pueden llevar a cabo una estrategia de modernización o incluso de emancipación manteniendo al mismo tiempo sus posiciones conservadoras. Por lo tanto, las estrategias de comunicación populistas de derecha constituyen una herramienta importante en la modernización del extremismo de derecha. Sin embargo, esta modernización se orienta más hacia la atracción del público que hacia un cambio de contenido o de perspectiva ideológica.

4. Resumen de la parte I: orquestando contradicciones afectivamente

La primera parte de este ensayo ha analizado las formas en cómo el género es utilizado en el discurso populista de derecha, entendiéndose primero como un escenario epistemológico, con la finalidad de ordenar y jerarquizar las paradojas y contradicciones. Los patrones comunicativos populistas de derecha descritos anteriormente son parte de una lucha general por la hegemonía cultural y el bienestar/redistribución social, en el contexto del capitalismo neoliberal globalizado en crisis. En los debates de derecha, el género se convirtió en un "significante vacío" y, por lo tanto, podía ser utilizado en la lucha por la hegemonía cultural y política, en la que los actores populistas de derecha se oponen a las tendencias culturales liberales y a una constelación percibida como "socialdemócrata" que busca favorecer la redistribución y la integración (Sauer 2017, 15). Nuevos actores "masculinos", como los bloggers de *Alt-Right* y otros, se presentan a sí mismos como víctimas de rígidas ideologías feministas y estudios de género, los cuales imponen violentamente lo políticamente correcto y amenazan la identidad masculina de la población blanca, así como el mantenimiento y la "pureza" de la nación en su conjunto. A través de la demonización de los estudios de género y de los enfoques feministas, estos actores buscan naturalizar las diferencias y las jerarquías. Como una metáfora de las jerarquías naturalizadas, el género también contribuye a la lógica populista de polarización. A través de la dimensión afectiva, usualmente ligada a cuestiones de género, el género también sirve de escenario para provocar escándalos que despiertan la atención y distraen de otros temas con la finalidad de "canalizar" otros discursos políticos y sociales. Los interrogantes sobre el género proporcionan un campo útil para la movilización de afectos a través de la cual puede orquestarse una "política del miedo" y distraer la atención de amenazas más abstractas como el capitalismo neoliberal (Sauer 2017).

El primer patrón – *El género como "puente afectivo" en los medios (masivos)* de comunicación– ha demostrado el papel fundamental de los medios (masivos) en el discurso populista de derecha. Partiendo de la observación de que el populismo y los medios de comunicación comparten una variedad de lógicas similares y afinidades sistémicas, los medios de comunicación masiva -y, cada vez en mayor medida, las redes sociales online- desempeñan un papel crucial para los actuales actores populistas de derecha, por medio de la creación de cámaras de eco o "burbujas", de quebrantamiento de tabúes, de la producción de escándalos y de la proliferación de respuestas afectivas. Dado que los medios de comunicación (especialmente los predominantemente comerciales) dependen de grandes audiencias, los actores populistas contribuyen al aumento de espectadores a través de su continuo quebrantamiento de tabúes, la producción de escándalos, del encanto de lo afectivo y de la simplicidad de sus argumentos. Por otro lado, los medios de comunicación masivos y las redes sociales ayudan a los actores populistas a catapultar sus argumentos simples y emotivos a la esfera pública y, en el caso de las redes sociales, para dirigirlos a sus grupos-objetivo cuidadosamente seleccionados, así como a sus potenciales partidarios. Como han demostrado los ejemplos de Brasil, Estados Unidos y los diferentes patrones comunicativos típicos del discurso derechista actual, el género está siendo utilizado como un "meta-lenguaje" apropiado para hablar de demografía, etnicidad, legitimación occidental, pagos por transferencia y anti-inmigración. El género -expresado en patrones paradójicos que van desde el sexismo y la misoginia de una "charla de vestuarios" hasta el "anti-genderismo" y la "excepcionalismo sexual"-es cada vez más interpolado por numerosos actores populistas de derecha con la finalidad de superar estas contradicciones de manera eficaz.

El segundo patrón, *Apropiación de las políticas de la mujer para alianzas femonacionalistas*, está estrechamente relacionado con lógicas mediáticas y con las funciones discursivas del primer patrón, ya que éste también se beneficia de la producción de controversias, la distracción, la simplificación y la atracción del componente afectivo que suscitan los temas de género. Además, como han demostrado los argumentos abiertamente sexistas de Bolsonaro y Trump (y el apoyo que recibieron por parte de sus partidarios), junto con sus rígidas políticas anti-inmigración y pro-militarización, estas prácticas masculinas favorecen la atracción del componente afectivo que se vincula a un líder fuerte y carismático ("por lo general/naturalmente" masculino), que es tan central para el populismo. Los temas de género permiten que estos líderes se presenten como parte de la gente "normal" y en contraposición a lo "políticamente correcto de las políticas de género", las mismas que amenazan la vida y los valores de una "mayoría silenciosa". Ambos presidentes, al menos parcialmente, han negado o se han apartado, en reiteradas ocasiones, de la imagen de ser sexistas u homófobos. Ambos dependen también de mujeres como Ivanka, hija de Trump y "feminista liberal"; o de Alves, ministra de la familia del gabinete ministerial de Bolsonaro. Ambos representan una política de género ambigua el fin de distraer la atención de esta dimensión y mantener a los afectados por su masculinismo "entre sus filas". Esto demuestra cómo la misoginia y el racismo cuestan votos en sociedades cada vez más diversas; por lo tanto, es necesario atenuar, o al menos desdibujar, las acusaciones sexistas u homofóbicas. Por otro lado, este patrón muestra que las políticas sexuales y de género son herramientas eficaces para la movilización de afectos y para el reordenamiento de las jerarquías sociales a través de la renaturalización del orden binario y heteronormativo.

Para que esta re-masculinización y el restablecimiento/mantenimiento y la modernización de las jerarquías tradicionales de género y los regímenes sexuales funcionen, la lógica de las "alianzas femonacionalistas" juega un papel crucial. Estas alianzas describen la forma en cómo las mujeres apoyan argumentos y políticas populistas de derecha, y explican las ventajas que estas alianzas, aparentemente contradictorias, aportan a las mujeres. Los ejemplos de grupos e individuos que apoyan a Trump y a Bolsonaro, han demostrado que uno de sus beneficios es el reconocimiento hacia estas mujeres por parte de hombres populistas de derecha quienes asimismo, a menudo, son recompensadas con ciertos puestos de poder (generalmente, no los más importantes). Por otro lado, a través de la vinculación con hombres defensores de la supremacía blanca, por el bien de la nación y de la familia nuclear heteronormativa, estas mujeres pueden imaginarse a sí mismas como “racial y culturalmente” superiores y emancipadas, como lo indican los comentarios antes mencionados sobre el feminismo como “sexista” o “anti-masculino”. Con este propósito, la construcción de un enemigo común como el “genderismo”/ la “ideología de género” y la acción afirmativa como desafiantes del orden establecido, de la defensa de un determinado estilo de vida y de los valores como norma, así como de una forma para privilegiar a los grupos equivocados, cum-ple una función crucial.

Por lo tanto, el tercer patrón, *Remasculinización (blanca): contra el ‘genderismo’ y la acción afirmativa*, aborda el papel fundamental de la oposición a los estudios de género, a los enfoques de género y al activismo LGBT y de una postura en favor del nacionalismo populista de derecha y (con frecuencia) de la autoimagen de lo autóctono. Una vez más, el género proporciona un escenario para la construcción de un enemigo común, el cual se constituye en una amenaza existencial para las formas de vivir y amar percibidas como “normales” así como para la “nación” o “pueblo”, en su conjunto. En lugar de abordar el orden económico como una fuente de desigualdad, el ataque contra la llamada “ideología de género” funciona como un amortiguador frente a las amenazas percibidas. La naturalización del régimen tradicional binario y heteronormativo de género se convierte así discursivamente en una cuestión de “supervivencia” para la nación.

Percibidos como parte de un discurso “liberal” de “izquierda”, resultante de los movimientos sociales de los años sesenta y setenta y de la “revolución sexual” asociada a éstos, la llamada “ideología de género” y la acción afirmativa son demonizados. Se les atribuye el interés por privilegiar a minorías que no lo merecen y limitar así, severamente, la movilidad y el acceso a los beneficios de las mayorías “nativas”, las cuales, según esta mentalidad, legítima y naturalmente, sí lo “merecen”. Más recientemente, este paradigma también se proyecta a escala mundial en la forma de una noción anticolonial inversa a la “ideología de género” como colonización ideológica” introducida por el Vaticano, que unifica a un gran número de fuerzas conservadoras, populistas de derecha y extremistas en la lucha contra esta supuesta amenaza global.

De acuerdo con el patrón cuatro, el *Género como colonización ideológica" y anti-colonialismo inverso, dentro de las alianzas radicales religiosas y femoglobales,* es posible apreciar al género y al orden social "natural" como amenazados, a escala global, por la "caótica" y nociva "ideología" representada por el género. Como demuestra el ejemplo de la lucha contra la diversidad en la educación escolar, el pueblo "normal" se convierte en víctima de una imaginaria red mundial de "ideólogos del género" que tratan de destruir el orden "natural" binario y heteronormativo y, por lo tanto, también la supervivencia de la familia nuclear y de la nación. Tras el objetivo de una especie de anti-colonialismo inverso, los actores conservadores radicales y de derecha se posicionan como víctimas de la amenaza "ideológica" del género. La construcción de una amenaza global y abarcadora posibilita una serie de alianzas de diferentes grupos conservadores radicales, populistas de derecha y extremistas con sus partidarias femeninas; por lo cual, he denominado este fenómeno de unificación de fuerzas como alianzas "femoglobales". La lucha anti-colonial inversa, contra la "ideología de género", y las alianzas femoglobales asociadas a la primera son un tanto contradictorias con el patrón de "Género" y/como "excepcionalismo sexual" e "interseccionalidad desde arriba", ya que el "excepcionalismo sexual" se basa en una auto-narración emancipada y en la posesión de un régimen sexual y de género más progresista. Para algunas mujeres, esta narrativa ofrece una salida frente a una "fatiga de emancipación", que han experimentado como estresante y frustrante, mientras que se benefician de alianzas con hombres basadas en el nacionalismo o por el hecho de ser oriundas o nativas de algún lugar. Sin embargo, como hemos visto en varios de los ejemplos anteriores -como el comentario de Trump: "No soy feminista. Yo estoy aquí para todos", acompañados simultáneamente por sus afirmaciones sexistas y las exaltaciones del matrimonio "tradicional"- el populismo de derecha unifica fácilmente tales contradicciones y su actuar oscila entre la política de "solo una de las dos opciones" y "ambas opciones". Los fenómenos mencionados anteriormente, tales como las alianzas femonacionalistas (y otras aparentemente absurdas), demuestran que el discurso populista de derecha con temas de género se basa y funciona a través de estas contradicciones y paradojas.

El quinto patrón, *Género y/como 'etno-sexismo' e 'interseccionalidad exclusiva'*, se centra en la proyección "etno-sexista" del sexismo y de los "retrógrados regímenes sexuales y de género de musulmanes u otros inmigrantes" (los "violadores mexicanos", según Trump), así como en los logros que se asocian a los populistas de derechas en sus simpatizantes femonacionalistas (y homonacionalistas). Por lo tanto, la re-tradicionalización de las jerarquías de género puede combinarse con la narrativa de la modernización. Este patrón justifica simultáneamente el rechazo hacia el feminismo y el "genderismo", ya que los populistas posicionan a su propio grupo, nacional, como poseedor de un régimen sexual superior y, por lo tanto, ya emancipado. También hace verosímiles los racismos anti-inmigrantes y anti-musulmanes, los cuales observan un "atraso emancipatorio" de aquellos "otros" que ven como una amenaza para la libertad sexual de las mujeres "autóctonas" (y, a veces, incluso de los gays). Dichos racismos permiten también las prácticas excluyentes de la "interseccionalidad exclusiva" (Mokre y Siim 2013), a través de políticas de inmigración rígidas y de regímenes fronterizos en nombre de los derechos de las mujeres (y de los gays).

El género tiene una doble función en el discurso populista de derecha: por un lado, según Sauer, el género es particularmente útil para movilizar un nuevo sentido común y un "nuevo compromiso hegemónico". La referencia al género permite a los populistas apelar al binario sexual de larga tradición, y que todavía marca los hábitos de las personas, a pesar de estar siendo "destruido" por las políticas de igualdad: "La movilización del populismo de derecha con relación al género apunta a profundas estructuras de género en las sociedades occidentales que pueden ser fácilmente actualizadas" (Sauer 2017, 14, traducción J.R.). Por otro lado, a problematizar los órdenes de género de "otros", lo cual es también una construcción populista de enemigos, que sirve para confirmar tanto la "indudable" superioridad occidental como el "excepcionalismo sexual" (Dietze 2016b). Este orden se opone al imaginado sexismo "natural" o "cultural" de la misoginia y homofobia de los "otros". Las ideas vinculadas a una "masculinidad descontrolada" de los "otros" hombres, es parte integrante de este imaginario, que son instrumentalizados para externalizar cuestiones emancipadoras dentro de las propias fronteras de la nación y, al mismo tiempo, crear una amenaza que justifique la exclusión del percibido agresor. A través de esta división, las fronteras y/o límites de la ciudadanía y la pertenencia también son negociados. El "progresismo simulado" (Dietze 2017) sirve simultáneamente para minimizar los propios déficits de emancipación del grupo y mantener el tradicional orden de género binario y heterosexual/normativo, así como para captar a las mujeres y gays en favor de la propaganda antiinmigrante. Además, aquellos que han estado luchando e insistiendo por estos derechos, como las feministas y activistas LGBT, son demonizados como una amenaza para las familias (heteronormativas), el binario sexual, y para la (reproducción de la) nación. Por otro lado, a través del sentido de comunidad y de superioridad y la externalización de la amenaza que representa tanto la "ideología de género" como los "violadores externos", se aparta la atención de los efectos de la globalización y de las desigualdades sociales reales.

Como indica la lectura de los "patrones comunicativos" del populismo de derecha en los casos de Jair Bolsonaro y Donald Trump, una perspectiva de género -o un énfasis en el accionar del género- sirve para visibilizar el proyecto anti-pluralista y anti-liberal del populismo de derecha. De esta manera, se vuelve factible, -en vista de que una perspectiva de género revela las tensiones y contradicciones en el discurso populista de derecha, como las que existen entre clase, nacionalidad y género-, que éstas puedan ser examinadas críticamente. Los entrelazamientos entre racismo, etno-sexismo (definir el sexismo como un componente propio del musulmán/inmigrante) y sexismo indican que, en el campo de la investigación sobre el populismo de derecha, se requieren urgentemente estudios feministas, queer, antirracistas e interseccionales. A la luz de estas contradicciones, Dietze estipula acertadamente que debemos "leer el anti-genderismo desde una perspectiva interseccional" para comprender las diferentes dimensiones de varios y simultáneos ejes de estratificación y privilegio que suelen ser constitutivos del funcionamiento del género en la complejidad del discurso.

4.1. Tabla 1: Patrones de *En-Gendering* en los populistas de derecha

La siguiente tabla tiene por objeto describir las maneras en cómo los aspectos vinculados al género funcionan dentro de las lógicas populistas con la finalidad de impulsar ciertos discursos populistas de derecha hacia espacios públicos más amplios:

Patrón comunicativo	**Patrones de (En-)Gendering**	**Lógica populista antagonista**
Género como "Puente afectivo" en los Medios Masivos	*Gendering* de escándalos + ("definición del Otro, según su etnia")	**Atractivo emocional** **Simplicidad del argumento** Hechos vs. Ideología de (género) Medios + élite (corrupta) vs. pueblo ordinario + familias heterosexuales
Pueblo "normal" vs. políticas de género políticamente correctas	**Apropiación de políticas de la mujer para alianzas femonacionalistas**	(Re-)naturalización de roles binarios, orden heteronormativo
"Genderismo" como amenaza existencial	**(Re)Masculinización (blanca)**: Contra "ideología de género" + acción afirmativa	"Genderismo" + inmigrantes como chivos expiatorios de desigualdades + miedos

Género como "colonización ideológica"	**Religiosos radicales y alianzas femoglobales**	**Anti-Colonialismo inverso (Auto-victimización)** Orden "natural" vs. "caótica" y amenazadora diversidad de género
"Etno-Sexismo" + "Interseccionalidad exclusiva"	***Gendering* de las desigualdades sociales** ***Gendering* del miedo**	**Excepcionalismo sexual** Regímenes superiores vs. regímenes inferiores Modernización + Retradicionalización

Fuente: (Roth 2019, véase en Ajanovic, Mayer y Sauer 2017; Diehl 2017, Dietze 2015, Mudde y Kaltwasser 2017, Sauer 2017)

Mientras que los populistas de derecha defienden el patrón exclusivo de la "interseccionalidad desde arriba", los movimientos feministas de toda América, que surgen simultáneamente con la tendencia de derecha, se enfrentan a esta fuerza conservadora a través de múltiples prácticas que podrían denominarse "interseccionalidad desde abajo". Estos movimientos se fundamentan en una larga trayectoria de resistencia femenina y feminista, así como en procesos de teorización y prácticas activistas "interseccionales". Éste será el foco de la segunda parte de este ensayo en torno a las disputas frente a las fuerzas populistas de derecha.

PARTE II

5. ¿Puede el feminismo interseccional vencer al populismo?

> No soy libre mientras una mujer esté presa, aunque sus grilletes sean muy diferentes a los míos.
>
> — Palabras públicas finales de Marielle Franco en la *Casa das Pretas*, 14 de marzo del 2018

> El futuro de nuestra tierra puede depender de la capacidad de todas las mujeres para identificar y desarrollar nuevas definiciones de poder y nuevos patrones de relación en las diferencias.
>
> —Audre Lorde en *Age, Race, Class, and Sex*

La primera persona que dió un discurso público en la Marcha de las Mujeres, en Washington D.C. en enero de 2017, la cual se llevó a cabo paralelamente a la toma de posesión de Donald Trump como presidente, fue la actriz latina, de nombre paradigmático, América Ferrera. Ferrera inició su poderoso discurso con una referencia a su propia experiencia como mujer inmigrante: "Como mujer y como orgullosa estadounidense de primera generación, nacida de inmigrantes hondureños, he vivido una época muy desoladora al ser tanto mujer como inmigrante en este país. Nuestra dignidad, nuestra reputación, nuestros derechos, --, han sido atacados" (Ferrera 2017, traducción C.L.B.). Ferrera no limitó su discurso a su propia experiencia personal, sino que la tomó como punto de partida para la reivindicación de los derechos de todos los grupos marginados y oprimidos. Desde los musulmanes, pasando por las personas LGBT, hasta los afroamericanos y los inmigrantes, todos expresados también mediante el uso del "nosotros". Al posicionarse a sí misma como portavoz de y junto a todas estas minorías, Ferrera le negó al nuevo presidente la autoridad para representar y definir a los "Estados Unidos":

> Estamos aquí reunidos, en todo el país y en todo el mundo, para decirle, Sr. Trump, que lo rechazamos así como rechazamos la demonización de nuestros hermanos y hermanas musulmanes. Condenamos el asesinato y encarcelamiento sistemático de nuestros hermanos y hermanas negros. No pediremos a nuestras familias LGBT que retrocedan. No pasaremos de ser una nación de inmigrantes a una nación de ignorantes. No construiremos muros y no veremos lo peor de cada uno (Ferrera 2017).

La intervención de Ferrera enfatiza paradigmáticamente la solidaridad y la conformación de coaliciones, por encima de las diferencias, con la finalidad de criticar y oponerse a la ideología y a la hegemonía nacionalista y populista, así como para demandar la conformación de una coalición que haga frente a los múltiples ejes de opresión. Su movilización estratégicamente esencialista de la categoría "mujeres" funciona como una herramienta de politización para defender una comprensión pluralista de una comunidad imaginada denominada "Estados Unidos".

*

Significativamente, también muchas pancartas durante las marchas hacían referencia a la necesidad de la "interseccionalidad" –un término que antes se usaba predominantemente en los contextos académicos feministas–, por ejemplo en eslóganes como "el feminismo sin interseccionalidad no es feminismo" o "si tu feminismo no es interseccional, ¿para quién es entonces?", que apela a la famosa frase de Audre Lorde: "No existe algo como la lucha contra un único asunto, porque nuestras vidas no están basadas en un único asunto", o la de Angela Davis: "No puedo imaginar un feminismo que no sea antirracista". Algunos manifestantes de mayor edad sostenían un cartel que decía: "¡No puedo creer que sigo protestando por esta misma mierda!" En una camiseta, usada por la organizadora de la Marcha de Mujeres, Tamara Lee, durante la marcha del 2016, se pudo incluso leer la famosa frase de Sojourner Truth: *Ain't I a Woman?* (¿Acaso no soy mujer?), que la anteriormente esclavizada activista afroamericana y defensora de los derechos de la mujer había expresado durante su legendaria intervención en la Conferencia de Mujeres en Akron, Ohio, en 1951 (WMO, 94).

Nuevos movimientos feministas ya se habían formado antes de las Marcha de las Mujeres, primero en Argentina y luego en México, contra el feminicidio, la violencia estructural y el asesinato de mujeres. El movimiento fue reconocido a nivel nacional por medio del hashtag #NiUnaMenos en las redes sociales, lema bajo el cual se realizaron manifestaciones masivas el 3 de junio de 2015 en Buenos Aires para protestar por el asesinato de Chiara Paez (14 años), encontrada enterrada en la casa de su novio con algunas semanas de gestación. Las protestas congregaron a unas 200.000 personas en Buenos Aires y se extendieron a Uruguay y a Chile. Un año después, el 3 de junio del 2016, la multitudinaria manifestación tuvo lugar una vez más en toda la Argentina bajo el nuevo lema #VivasNosQueremos, y la marcha también se hizo en Uruguay, Chile y Perú. El 19 de octubre del 2016, se produjo la huelga masiva de #NiUnaMenos contra el feminicidio en Argentina. Una respuesta a gran escala por el asesinato de Lucía Pérez, de 16 años, quien fue drogada y violada por ser joven y mujer. En los carteles que se cargaban en las marchas, se podía leer "Todos somos Lucía Pérez".

La protesta se intensificó al año siguiente, luego de que Santiago Maldonado, un joven activista por los derechos indígenas que participó en un bloqueo de carreteras en el 2017, desapareciera después de que la gendarmería argentina dispersara a los manifestantes. Su cuerpo ahogado fue encontrado más tarde cerca de un río y este hecho desencadenó una serie de protestas masivas que exigieron el esclarecimiento de las circunstancias de su desaparición y muerte. El caso fue evaluado como una posible "desaparición forzada", que no pudo ser probada. Manifestaciones similares tuvieron lugar en otros países de América del Sur, como México, El Salvador y Chile. Una semana después, el 25 de octubre del 2017, Brasil realizó su propia marcha de #NiUnaMenos (Draper, Lorey/RLS). Bajo el lema "Ni Una Menos/Ni Una Más", los manifestantes denunciaron sobre todo la violencia estructural contra las mujeres y contra las personas no conformes con las rígidas nociones de género que son víctimas frecuentes de feminicidios y actos de violencia contra travestis. Desde entonces al menos, las protestas masivas por el derecho al aborto de 2018 han ganado mayor visibilidad e influencia (ver Varias autoras 2017). En Brasil, las protestas tras el asesinato de la política afrodescendiente y abiertamente lesbiana, Marielle Franco, bajo el lema "Marielle presente!", se intensificaron después de la elección de Bolsonaro y fueron apoyadas por las campañas de *EleNão* y *Mulheres Contra Bolsonaro*. En los contextos latinoamericanos en particular, las protestas y huelgas se basan en una profunda crítica al capitalismo y a los modos de producción y división del trabajo relacionados con el género. La retórica y la semiótica de las protestas se basan en la solidaridad y en alianzas con mujeres pobres, trabajadoras, indígenas e inmigrantes.

El reciente aumento del número de movimientos feministas indica que la política de género de la derecha también ha abierto un nuevo escenario para la resistencia y los contra-movimientos. Los movimientos "Ni Una Menos y Ni Una Más" en Argentina y México y en muchas otras partes de América Latina; la "Marcha de las Mujeres" en Washington simultáneamente a la toma de posesión presidencial de Donald Trump, o, más recientemente, las protestas por parte de las feministas en Brasil por el asesinato de Marielle Franco y contra la candidatura de Jair Bolsonaro, fueron manifestaciones de amplias coaliciones de protestas contra las reacciones de los defensores de la supremacía blanca, sexistas y homofóbicos que observamos actualmente en muchos lugares. También en Alemania, las marchas promovidas por las mujeres de la AfD dieron lugar a amplias alianzas estratégicas. En Washington, Berlín y en muchos otros lugares, las protestas fueron expresiones de una, hasta entonces imprevista y decidida, noción de feminismo "interseccional". También en el campo de las artes, se observan en la actualidad una serie de iniciativas y expresiones de resistencia y movilización. Desde las Marchas Internacionales de Mujeres, realizadas el 8 de marzo del 2017, del 2018, y del 2019 estos movimientos evidencian un énfasis aún mayor en el entrelazamiento de la violencia de género y las desigualdades con las estructuras de poder económico y con el carácter sistémico de dicha opresión y violencia.

Los movimientos feministas están en pleno apogeo en muchos lugares y luchan por nuevos espacios con la finalidad de visibilizar sus reivindicaciones. El hashtag *#MeToo* –que los manifestantes de estas marchas convirtieron en el colectivo *#WeToo*– documenta el sistema global de violencia sexualizada contra las mujeres en todas sus variantes, contra el cual los y las activistas del movimiento Ni Una Menos de toda América Latina protestan vehementemente. Sin embargo, en contraste con las prácticas feministas por Internet -que sin duda se ha convertido en un espacio decisivo para la organización feminista de los grupos mencionados (y otros más)-, las protestas actuales están marcadas por el hecho de que están "uniendo" cuerpos reales en las calles. Si bien numerosos actores de la derecha radical también han comenzado a expresar públicamente sus posiciones en muchos lugares y espacios, los movimientos feministas se resisten y cuestionan el giro hacia la derecha así como las estructuras de poder exclusivas que lo hicieron posible. Las numerosas, claras y fuertes referencias a sus predecesores, por medio de los ejemplos antes mencionados, como las intervenciones por parte de mujeres y feministas, demuestran que la lucha contra múltiples e interrelacionadas escalas o niveles de opresión no es algo nuevo, sino que se remonta a una larga tradición de intervención y activismo feminista. Por ejemplo, Brah y Phoenix (2004), Hearn (2011), Zapata Galindo (2011), Viveros Vigoya (2012) y Brah (2013) nos recuerdan que las feministas negras y los movimientos contra la esclavitud, ya en los siglos XVIII y XIX y "probablemente incluso antes", reclamaban el reconocimiento de la discriminación racista que sufrían (Hearn 2011, 90).

En este contexto, en esta segunda parte del ensayo se indaga sobre "qué puede hacer el feminismo" en relación a las "contraestrategias" que se oponen al populismo de derecha, las fronteras cerradas y el racismo, así como para proponer visiones alternativas de lo social. Se pregunta además cuáles son las políticas, estrategias y visiones de estos movimientos, y cómo se posicionan en relación a movimientos anteriores y a sus predecesoras feministas y antirracistas. En esta parte del ensayo también se examinar el proceso que implica el reunir a los cuerpos en las calles para formar un "nosotros" colectivo de oposición.

Como se verá a continuación, los nuevos movimientos feministas, por un lado, representan una de las fuerzas más poderosas y visibles de oposición frente a la tendencia mundial de la derecha radical. Por otro lado, los activistas responden a sus "antecesoras" feministas en todo el hemisferio a quienes hacen referencia en muchos de los eslogans y políticas. Por lo tanto, los movimientos actuales parecen reconectar el concepto de interseccionalidad con sus raíces radicales y con sus activistas para transformarlo en prácticas políticas concretas. Con la finalidad de dar reconocimiento a la larga tradición de políticas feministas de conectividad transnacional e interseccional, la siguiente sección brindará una breve visión general de formas ejemplares de relacionarse para conformar resistencias, alianzas y movimientos de y por las mujeres y feministas. El ensayo ahondará en la expresión actual y en los panoramas a futuro de las prácticas feministas interseccionales como disputa o contrapeso frente a la política populista de derecha, centrándose así en publicaciones de referencia, coberturas mediáticas, charlas, entrevistas y conversaciones interpersonales.

5.1. Resistiendo los entrelazamientos coloniales y los procesos de *En-Gendering* en los feminismos iniciales

Las Américas tienen una historia "compartida, pero dividida" (Randeria 2006 [1999]) que está marcada por la colonialidad, la descolonización, la migración, las experiencias de la diáspora, la pluralidad y la diversidad. En este contexto, las sociedades de las Américas pueden recurrir a una larga experiencia en el tratamiento de las diferencias y de las desigualdades, pero también en la resistencia frente a la explotación, la opresión, la esclavitud y el imperialismo. Los procesos interamericanos de intercambio han estado estructuralmente marcados por una dimensión "interseccional": de carácter étnico, racial, de género y colonial. Las Américas también comparten una larga historia de luchas tendientes a dirimir a quién pertenece y quién representa a "América" -ya sean los Estados Unidos u otros estados nacionales de la región- y quiénes tienen derecho a tener plenos derechos de ciudadanía y acceso a la libertad, a los derechos humanos, a los recursos, a la participación y a la movilidad social. Numerosos ejemplos de resistencia por parte de poblaciones indígenas, trabajadores esclavizados y mujeres, demuestran que las luchas siempre han implicado una cierta dimensión "interseccional", debido a la estructura, profundamente racializada y de *(en)gendering*, de jerarquías y desigualdades implementadas por el colonialismo. Las mujeres de los grupos marginados a menudo estuvieron a la vanguardia. Como explica Verene Shepherd (2008), las mujeres esclavizadas en el Caribe se opusieron, desde el principio, a su deshumanización, explotación y esclavitud. De varias maneras, por medio de prácticas que iban desde prohibir a sus hijas asistir a las escuelas misioneras o confrontar a los amos ante escenarios violentos y de explotación sexual, hasta el cimarronaje, participar en grupos abolicionistas y mediante canciones de protesta. Ellas ejercieron resistencia frente a este sistema: desde los puertos de esclavos de la costa africana occidental por lo que duró la existencia del régimen de esclavitud (137). En toda América –sobre todo en los Estados Unidos, el Caribe, Centroamérica y Brasil– numerosas mujeres esclavizadas también escaparon y vivieron escondidas o como cimarronas en sociedades del mismo nombre, mientras que otras hicieron huelgas de úteros/vientres (139). La abolición también tiene una profunda dimensión interamericana. Varios movimientos y prácticas feministas surgieron al mismo tiempo, mientras que otros perseguían objetivos feministas mucho antes de que el término o el movimiento existieran.

Poco después de la Revolución Francesa (1789), los independentistas, quienes constituyeron el primer estado latinoamericano independiente en Saint-Domingue (hoy Haití), señalaron la contradicción entre las ideas de los derechos humanos, la libertad y el sistema de esclavitud institucionalizada. Alrededor de ese mismo período, feministas como Olympe de Gouges (Francia, 1791) y Mary Wollstonecraft (Gran Bretaña, 1792) destacaron el hecho de que los recién introducidos "derechos humanos" se limitaban a los hombres blancos. En la Convención sobre los Derechos de la Mujer en Akron, Ohio (EE.UU. 1851), Sojourner Truth, en su discurso "¿Acaso no soy una mujer?", cuestionó la universalidad del feminismo burgués blanco al señalar su experiencia como mujer negra y anteriormente, esclavizada. En su declaración, durante aquella convención, en 1851, Sojourner Truth anticipó la problemática de las diferencias entre mujeres, así como el entrelazamiento entre clase, racialización y género - que también constituye la base sobre la cual se construyen las prácticas y teorías interseccionales.

A pesar de la parte "compartida" de su historia, la concerniente a la estratificación social, a procesos interseccionales de género y a la racialización para la conformación de un orden y jerarquías,fue articulada, a nivel local, de formas muy diversas en las Américas, como parte de la implementación de lógicas capitalistas de producción y de la división del trabajo desigual por género y raza asociadas. Con relación al rígido régimen racista de esclavitud en las plantaciones, una estructura de jerarquización racista que imperó en los Estados Unidos, Vilna Bashi Treitler propuso el concepto "proyecto étnico" (Bashi Treitler 2013). Según éste, los blancos siempre están posicionados en la cima y los negros en la base de la pirámide racial de los Estados Unidos. A partir del siglo XIX, la atención se desplazó hacia el "cuarteto racial" (Dietze 2013), el cual luego se extendió a la dimensión de género, que se caracteriza por una fuerte competencia entre la política racial y la de género (hombre blanco - mujer blanca - hombre negro - mujer negra). "Otros", por ejemplo, los indígenas o latinos experimentaron simultáneamente una mayor marginación. En gran parte de América Latina surgieron jerarquías de género multiniveles, según etnias y razas (por ejemplo, entre criollos, mestizos, negros e indígenas), donde el hombre (blanco) de origen europeo siempre estuvo por encima del resto (véase Wade 2009). En la actualidad, el discurso se ha desplazado con mayor fuerza hacia roles de género "atrasados" (de origen no europeo) los cuales, según una narrativa de desarrollo eurocéntrica y colonial, deberían optimizarse en función del modelo europeo (noroccidental).

5.2. Trayectorias: Experiencias compartidas, redes y alianzas feministas

Numerosas redes feministas se crearon entre América Latina, el Caribe y los Estados Unidos. Por ejemplo, en el contexto de feminismos transnacionales e imperiales que surgieron entre 1840 y 1880, y, más tarde, en forma de cooperaciones feministas internacionales en el marco de las Conferencias Internacionales de los Estados Americanos entre 1880 y 1948. Sin embargo, las narrativas convencionales sobre el surgimiento de los movimientos feministas en las Américas se centran en los Estados Unidos y en la Convención de Seneca Falls. La mayoría de los trabajos separan la política feminista de las luchas antirracistas o de clase y también diferencian a los feminismos entre sí, separando así las historias y las genealogías interrelacionadas de la articulación simultánea de las diversas políticas feministas en las Américas.

La experiencia de haber sido rechazadas sus participaciones en la Convención Mundial contra la Esclavitud, en Londres, en 1840, avivó la convicción de las feministas estadounidenses blancas, Elizabeth Cady Stanton y Lucretia Mott, de fundar el Movimiento de Mujeres durante la Convención de Seneca Falls en 1848, la cual estuvo marcada por eventos transnacionales como la guerra entre Estados Unidos y México (ver Moynagh 2012, Stanley Holten 2010). Según Gabriele Dietze (2013), el abolicionismo constituye el trasfondo en el que se desenvolvió el feminismo en los Estados Unidos, de modo que el feminismo emergió del abolicionismo (45).

Las mujeres abolicionistas lucharon contra el comercio de esclavos y la esclavitud en las plantaciones tanto en las Antillas como en América Latina. Las feministas de América del Sur y del Norte que participaron en las Conferencias Internacionales de los Estados Americanos a finales del siglo XIX y principios del XX (1880-1948) proporcionaron un esclarecedor ejemplo de prácticas y políticas feministas transnacionales. Ya antes de que se celebraran reuniones oficiales e internacionales entre feministas y antes de que éstas empezaran a intervenir en conferencias internacionales, las mujeres resistieron su opresión y explotación e intercambiaron ideas y estrategias dentro y fuera de las fronteras nacionales en las Américas (véase Moynagh 2012; Roth 2018 y 2019).

A pesar de las numerosas tensiones, desigualdades y conflictos dentro y entre los diferentes grupos, la mayoría de la así llamada "primera ola" de feminismos en las Américas del siglo XIX estuvo principalmente dedicada a una estrategia y política de "hermandad global" para demandar derechos humanos y civiles fundamentales, tales como el derecho al sufragio y a la participación en las instituciones internacionales (véase Roth 2019). Sin embargo, desde el principio, numerosas feministas de color, como Sojourner Truth, se habían pronunciado sobre la falta de solidaridad racial y de clase. Las décadas siguientes, una vez alcanzados los derechos básicos como el sufragio, estuvieron marcadas por la diversificación de reivindicaciones y posiciones, a lo largo de la llamada "segunda ola". Los movimientos feministas, que formaron parte de la Era de los Derechos Civiles en los Estados Unidos, lucharon contra uno de los regímenes raciales más estrictos y abiertamente segregadores basados en desigualdades raciales flagrantes, mientras que muchos países latinoamericanos se enfrentaron durante este período a dictaduras y guerras civiles. Al hacer referencia al "blanqueamiento" del llamado feminismo de la segunda ola, Benita Roth afirma que los movimientos chicanos/latinos y feministas negros en los Estados Unidos no se formaron como reacción a la ignorancia y al racismo de las feministas blancas (véase Roth 2004). Más o menos en esa misma época, surgieron, diferentes feminismos en diálogo con, y como reacción a, pero también como parte de movimientos masculinos de izquierda y otros movimientos feministas. Distintos grupos feministas se han formado simultáneamente a lo largo de las líneas de opresión de género de tipo singular o de líneas de opresión de tipo múltiple y se han influenciado mutuamente.

Frente a estos sistemas de opresión entrelazados, el intercambio transnacional interamericano continuó en las Américas.

5.3. Del Movimiento por los Derechos Civiles hasta la Marcha de las Mujeres en Washington

Más de un siglo después de que Sojourner Truth diera su famoso discurso, del *Manifiesto das Mulheres Negras* (1975) en Brasil y de la Declaración Colectiva del Río Combahee (1979) en los Estados Unidos, se produjeron intervenciones decisivas en las representaciones feministas dominantes que permitieron destacar el carácter entrelazado e interdependiente de las diferentes formas de opresión. Angela Davis (1981) se refirió por ejemplo a Las jerarquías interrelacionadas de mujeres, raza y clase en un libro homónimo. Feministas chicanas como Gloria Anzaldúa y Cherrie Moraga acuñaron el concepto de "frontera" como un espacio físico concreto (la frontera entre Estados Unidos y México), pero también para definir la "identidad chicana", -definida en base a una yuxtaposición de culturas- que intenta representar espacios e identidades ambiguos más allá de las categorías binarias establecidas o de las fronteras territoriales y significa una nueva forma de crear y entender el conocimiento. De manera similar, las artistas y pensadoras feministas caribeñas han enfatizado el estrecho entrelazamiento entre las jerarquías de raza, género y clase, debido a las desigualdades globales producidas por las jerarquías coloniales, los legados de la esclavitud y la persistente explotación "Norte-Sur". Feministas no-hegemónicas como Patricia Hill Collins, Bell Hooks, Audre Lorde, June Jordan, Norma Alarcón, Chela Sandoval, Chandra Talpade Mohanty, Sylvia Wynter, María Lugones y muchas más, han continuado con una agenda similar y desde el principio insistieron y se concentraron en las dimensiones entrelazadas entre opresión y desigualdad (Roth 2004).

En 1981, se empezaron a llevar a cabo reuniones no estatales/"extraoficiales" como los conocidos "Encuentros Feministas de América Latina y el Caribe". La primera década de estos encuentros estuvo marcada por la negociación de políticas y por la producción de identidades feministas. En gran medida, las participantes de los Encuentros hicieron hincapié en la aspiración de forjar alianzas entre los movimientos feministas regionales sobre la base de valores elementales y objetivos comunes. Muchas de las intervenciones y teorías elaboradas por feministas afroamericanas, chicanas, de la clase obrera, comunistas, lesbianas y queer, como el "Colectivo del río Combahee" integrado por Angela Davis, Toni Morrison, Kimberlé Crenshaw, Bell Hooks y Patricia Hill Collins en los Estados Unidos, y las Mulheres Negras Brasileiras, Las Mujeres Zapatistas de Chiapas o el colectivo "Afrocubanas en América Latina y el Caribe" -por nombrar sólo algunas-, contribuyeron enormemente a una comprensión entrelazada de las diferentes desigualdades y a la simultaneidad (más que a la consecuente formación) de las diferentes corrientes de prácticas y políticas feministas.

Recientemente, grupos feministas latinoamericanos como el colectivo "Mujeres Creando" en Bolivia han dado otro ejemplo de alianzas de solidaridad entre mujeres de diferentes contextos, desde lesbianas urbanas hasta pobres de zonas rurales y mujeres indígenas. Además, los diversos feminismos que han caracterizado a las Américas demandan la creación de lazos de solidaridad. Exigen además la inclusión de prácticas y elementos culturales como espacios políticos y de producción y circulación de conocimientos, a fin de representar y alcanzar a un espectro más amplio de contextos y experiencias y también para confrontar múltiples formas de exclusión y opresión que se intersecta/en entre sí. Como hemos podido observar, los movimientos feministas actuales pueden apoyarse en una larga trayectoria de resistencia feminista contra experiencias comunes de opresión, exclusión y violencia.

6. Renovaciones recientes de prácticas interseccionales en los nuevos movimientos feministas

6.1. Las Marchas de las Mujeres

Desde sus inicios, como foro en línea, la Marcha de las Mujeres tuvo como objetivo congregar en las calles a cuerpos que ejercieran resistencia. La idea de una marcha de mujeres en Washington nació a partir de mensajes en Facebook, creados independientemente por Bob Bland (una de las actuales co-presidentas) y Teresa Shook, una abogada jubilada de Hawái, quienes al poco tiempo unieron sus fuerzas. Dichos mensajes fueron emitidos después de las elecciones de 2016 y más tarde se hicieron virales. Antes de que se establecieran acuerdos logísticos, decenas de miles de mujeres ya se habían comprometido, a través de las redes sociales, a viajar a Washington. Algunas de las mujeres que iniciaron los preparativos se dieron cuenta de que sería un desastre si la marcha pareciera estar totalmente dirigida por y para las mujeres blancas. Por lo tanto, incluyeron a la afroamericana Tamika Mallory y a la latina chicana Carmen Pérez. Ambas afiliadas a la ONG *Gathering for Justice* decidieron a su vez invitar a la palestina americanaLinda Sarsour, a que participara en la reunión. La idea original de nombrar a la manifestación "Marcha del Millón de Mujeres" fue abandonada después de una dura crítica, puesto que copiaba el título de la "Marcha del Millón de Mujeres" de 1997 en Filadelfia, la cual se había centrado en reunir a las mujeres de color. Como directora de operaciones y organizadora a nivel nacional, Vanessa Wruble, (WMO 37) relata que el equipo decidió dar a dicha protesta entonces el nombre de "Marcha de las Mujeres en Washington", en homenaje a la marcha de 1963 por los derechos civiles y por la libertad de los afroamericanos, que había logrado unir a las organizaciones de derechos civiles, sindicales y religiosos, y en la que Martin Luther King había pronunciado su famoso discurso *I have a Dream* (Tengo un sueño) para acabar con el racismo. El equipo organizador convocó a la primera Marcha de las Mujeres en sólo 10 semanas con el objetivo de movilizar, bajo una bandera común, a la mayor cantidad de gente posible en oposición a las políticas que representaba Donald Trump. Como la mayoría de los movimientos sociales, la marcha no partió de un programa político concreto.

La cantante Alicia Keys inició su discurso (de "precalentamiento") en la marcha citando el famoso poema *And Still I Rise* (Y aun así me levanto) escrito por la poetisa afroamericana, Maya Angelou. En su contribución al libro *Together We Rise* (Juntas nos levantamos), escrito por las organizadoras de la Marcha de las Mujeres (junto a Conde Nast) (WMO 2018), Keys expresa el rechazo hacia la biopolítica estatal sobre los cuerpos femeninos, negros y demás cuerpos precarizados: "No permitiremos que nuestros cuerpos sean poseídos y controlados por hombres del gobierno ni por hombres en cualquier otra parte" (Alicia Keys véase en WMO 211). El título del libro también hace referencia al famoso poema de Angelou y el prólogo también hace un reconocimiento al poderoso legado de las mujeres de color:

> También queremos destacar el trabajo de resistencia liderado por mujeres de color que se sigue realizando en todo el país y que es tan importante para nuestra democracia y nuestra humanidad. Cuando las mujeres lideran, surge una narrativa diferente: una de colaboración en la que, en lugar de estar divididas por la raza, la orientación sexual u otros factores, estamos unidas, reuniendo todas nuestras identidades para resistir en favor de la fundamental igualdad humana. (WMO 2018, 12)

El poema de Maya Angelou también es citado de manera destacada en las primeras líneas correspondientes a la introducción del volumen por la escritora y activista, Jamia Wilson, quien también destacó los logros del feminismo negro y apoyó el compromiso de la Marcha de las Mujeres con sus predecesoras. Wilson también enfatizó el poder del arte y la poesía como parte de lo que ella define como "la resistencia":

> 'Puedes dispararme con tus palabras, puedes cortarme con tus ojos, puedes matarme con tu odio. Pero aun así, como el aire, me levanto.'

> Maya Angelou, poeta, feminista y defensora de la justicia racial, escribió estas palabras hace 40 años, mucho antes de que un grupo de mujeres visionarias (muchas de las cuales aún no habían nacido) prendiera la chispa del movimiento que ahora conocemos como "la resistencia". La pasión y la determinación de este pequeño grupo dieron vida a la proclamación de Angelou: 'Nos levantamos'" (Wilson 2018, 13)

El título del libro –*Together We Rise* (Juntas nos levantamos)- ya crea un "nosotras" discursivo estratégico que incluye a muchas voces y a muchos cuerpos. En la unidad, juntas, todos estos cuerpos "se levantan" y, por lo tanto, resisten, se enfrentan, se hacen visibles. La dedicatoria del libro también enfatiza el carácter unificador de la marcha y del movimiento, y representa una demanda de solidaridad a escala interseccional, a diferencia de la retórica populista de derecha que incluye solo a mujeres "educadas" o únicamente a ciertas mujeres: "Dedicado a las mujeres documentadas o indocumentadas: hijas, cuidadoras, trabajadoras, luchadoras trans, brujas, artistas, refugiadas, lideresas. Ustedes son nuestra luz en la oscuridad" (7). El largo legado y la trayectoria de las antecesoras y referentes feministas también es evocado en la lista de nombres de mujeres que aparecen en la contribución de Ai-Jen Poo, en la que incluye a "Soujourner Truth, Susan B. Anthony, Ella Baker, Sylvia Rivera, Audre Lorde, Wilma Mankiller, y Dorothy Bowen" (Poo 2018, 69). Lo mismo sucede con la foto que muestra a cuatro manifestantes sosteniendo carteles en los que aparecen los retratos de famosas activistas por los derechos de la mujer de diferentes épocas y, frente a éstas, una niña negra sosteniendo un cartel que dice "Mi futuro importa" (WMO 207). La idea de que el presente debe ser consciente del pasado para reinventar el futuro también está contenida en el ensayo de la hermana Aisha Al-Asawiya, *Sankofa: Look Back to Move Forward* (Sankofa: Mirar al pasado para avanzar) (WMO 73) en el que afirma que " si quieres saber hacia dónde te diriges, debes saber primero de dónde vienes" (74), mientras que la activista feminista e ícono del Poder Negro, Angela Davis, lo expresó en términos más marxistas: "Somos agentes colectios de la historia" (Davis, véase en WMO 192). Davis concluyó su discurso en la marcha con un llamado a la lucha, afirmando que "los próximos 1.459 días de la administración Trump serán 1.459 días de resistencia" (Davis, en el escenario en Washington, véase en WMO 192). En muchas de las contribuciones (en el libro y en relación a la marcha), se hace hincapié en el poder de la acción colectiva. Cecile Richards, presidenta de la *Planned Parenthood Federation of America* (Federación de Planificación Familiar de los Estados Unidos de América), por ejemplo, afirmó: "una de nosotras puede ser despedida. Dos de nosotras podemos ser ignoradas. Pero juntas somos un movimiento y somos imparables" (Richards véase en WMO 2018, 65). Asimismo, Jenny Munro, una anciana del Wirad Juri y defensora de los derechos humanos, subrayó la interconexión mutua entre todas las mujeres y los miembros de la comunidad, lo que va en contra de la corriente del individualismo vertiginoso y de las aisladas políticas de identidad de "un mismo tema": "Si una mujer sufre, todas sufrimos. Y créanme, mi pueblo y mis mujeres han sufrido" (Munro, véase en WMO 2018, 37). La lista de las organizaciones (oficiales/institucionales) que participaron de la Marcha demuestra los múltiples campos de los que provienen los y las manifestantes, que abarcan desde el activismo por la justicia ambiental hasta el activismo por los derechos de los LGBT y de los inmigrantes (WMO 2018, 297-306). Sobre la base de este carácter amplio e interseccional, estos nuevos movimientos parecen representar una nueva dimensión de resistencia a las tendencias actuales de derecha. Si retomamos el largo legado de resistencia interseccional, esta parte del ensayo tiene como objetivo discutir la función de estas nuevas coaliciones decididamente interseccionales como vanguardia para imaginar nuevas formas de lo social.

Sarah Sophie Flicker, asesora estratégica de la Marcha de las Mujeres y organizadora a nivel nacional, señala que el movimiento *Black Lives Matter* (BLM), que ya había estado protestando activamente durante algún tiempo, fue un antecedente fundamental: "La Marcha de las Mujeres no habría tenido lugar sin la increíble organización de las *Black Lives Matter*. BLM estuvo entrenando durante años a la población estadounidense para que saliera a las calles y se quedara en ellas, antes de que iniciara el proyecto de la Marcha de las Mujeres" (Flicker, WMO 236). Además, la ex-directora de comunicaciones de la Marcha de las Mujeres, Cassady Fendlay, hizo referencia al movimiento español Podemos como una de las principales fuentes de inspiración para la Marcha, así como al movimiento *Occupy* en el que estuvieron involucradas muchas de las posteriores organizadoras de la Marcha de las Mujeres.

En una entrevista de la mencionada publicación *Together We Rise*, las organizadoras de la Marcha de las Mujeres también enfatizaron la importancia de protestar físicamente en las calles y construir un colectivo distinto a las campañas que se impulsan a través de las redes sociales, en las que sólo hay que apretar un botón indicando "me gusta" o firmar del mismo modo una petición.

La diversidad -o multiplicidad- de actores participantes también apunta al hecho de que el movimiento está cuestionando y dirigiéndose, más que a los actuales presidentes y sus gobiernos, a las mismas estructuras que se fundamentan en la exclusión y la desigualdadconstitutivas, que Laclau considera fundacionales para el populismo en ciertos grupos poblacionales y en ciertos organismos precarios (ver Laclau 2015, 118). Esta posición también quedó expresada en frases como las de la autora feminista, académica y periodista, Roxane Gay, quien se planteó la siguiente pregunta: "¿Cómo luchar por nosotros mismos y al mismo tiempo por un bien mayor? ¿Cómo debemos responsabilizarnos?" (Gay 2018, 288).

Los "Principios de Unidad" que se pueden encontrar tanto en el libro (107) como en el sitio web de Marcha de las Mujeres (bajo el título Principios de Unidad Global) - que abarcan la justicia ambiental, los derechos de los inmigrantes, los derechos de las personas con discapacidad, los derechos civiles, los derechos de los trabajadores, los derechos de los LGBT, los derechos reproductivos y el fin de la violencia- tienen el propósito de ser el marco para una amplia gama de posiciones.

6.1.1. Orquestando cuerpos y luchas: los *Pussy Hats* o "los sombreros rosa"

Foto no. 5: Amandalynn Jones. Una mujer da gritos de aliento durante el mitin de Madison WI en la Marcha de las Mujeres, el 21 de enero de 2017. Wikimedia Commons.

Visualmente, esta inclusión o política de "unidad en la diversidad" se expresaba mediante los *pussy hats* o "sombreros rosas" que muchos manifestantes usaron para oponerse a los comentarios sexistas de Trump. En su contribución a *Together We Rise*, Krista Suh, creadora de los sombreros, pregunta: "¿Cómo podría haber previsto cuántos sombreros habría?" (Suh 2018, 257) mientras tejía el primero que luego sería copiado miles y miles de veces. Suh destaca el carácter unificador del emblemático accesorio: "El *pussy hat* ha sido criticado y no tengo problemas con ello. Representa mucho más que un sombrero rosa. El *pussy hat* muestra que no estás, solo/a" (ibidem.). El *pussy hat* es obviamente una cita irónica de la frase misógina de Donald Trump, en la grabación del programa *Access Hollywood* ya referida, en la que afirma que como hombre poderoso tiene derecho a "agarrar" a las mujeres "por el coño". Al presentarse las mujeres como "coños" y así reapropiándose de tal posicionamiento – protestaron en el espacio público, en contra de la heteronomía violenta sobre los cuerpos de las mujeres. Una respuesta similar pudo apreciarse en los carteles que decían; "Agárrenlos por el patriarcado", distribuidos por los demócratas en el extranjero en la marcha del 2017 en Berlín y en otros lugares.

Las instrucciones para tejer los *pussy hats*, al poco tiempo, se difundieron ampliamente y, por lo tanto, su producción se convirtió en una práctica feminista comunitaria y pop-cultural. Los sombreros también pueden adquirirse en Internet a través de la marca registrada *Pussyhat Project* bajo el título *Design Intervention for Social Change* (Diseño de intervenciones para el cambio social), cuya misión es "promover los derechos de la mujer y los derechos humanos a través de las artes, la educación y el diálogo respetuoso". El *Pussyhat Project™ Global Outreach*, en su declaración del 18 de febrero de 2017, menciona la creación del sombrero como una "manera concreta, accesible y reflexiva para que aquellos que no puedan asistir personalmente a los eventos de activismo, puedan también ser escuchados y representados", "desarrollando nexos significativos y respetuosos entre las personas que se interesan por los derechos de las mujeres", promoviendo así la "creación de un marco de referencia para la comunidad y la agencia personal, desde un nivel local hasta uno de carácter nacional" (Pussyhat Project 2017). En torno al sombrero rosa, la marcha reunió a personas y grupos que se oponían a múltiples formas de exclusión y opresión, entre ellos activistas LGBT, feministas musulmanas, representantes de la comunidad judía y, en particular, del movimiento *Black Lives Matter*. Entre ellas, se encontraba Sybrina Fulton, la madre de Treyvon Martin, víctima fatal del racismo policial, quien también exhortó a la acción colectiva y concertada: "Todos nuestros hijos están en el cielo y continuamos luchando por ellos (...) Vamos a seguir luchando. Hemos llegado demasiado lejos como para volver atrás". (Fulton véase en WMO, 281).

Alyssa Klein considera que uno de los logros del movimiento de la Marcha de las Mujeres es la politización de nociones de interseccionalidad tendientes a aunar luchas y crear solidaridad entre sectores de la población que tradicionalmente no involucrados en los debates teóricos académicos:

> Donde la Marcha de las Mujeres ha desempeñado un papel muy importante es en el haber tomado conceptos de activismo y organización y haber logrado que sean tan accesibles como sea posible para todo el país. Lo que queríamos era hacer que la interseccionalidad fuera entendida por todos y tomar este concepto académico para hacerlo parte de todo lo que todos nosotros hacemos, no sólo para una parte de la población. Al menos, para todos los que creemos en la lucha por el bien común. Eso fue algo que empezamos antes de la marcha y que hemos seguido haciendo desde entonces (Klein, véase en WMO 2018, 274).

Por un momento, las manifestantes de la Marcha de las Mujeres llevaron la política de la interseccionalidad de vuelta a las calles y a sus raíces activistas, logrando hacer efectiva una transferencia, largamente esperada, de las torres de marfil de la academia a la práctica política. La teórica de la interseccionalidad, Kimberlé Crenshaw, sostiene que pudo identificar todas las diferentes problemáticas reunidas bajo el estandarte de la Marcha de las Mujeres y las representadas por los *Pussy Hats* como "la encarnación de las sensibilidades interseccionales en las que muchas de nosotras hemos estado trabajando desde hace mucho tiempo" (Crenshaw véase en Hess 2017). Bob Bland, la co-presidenta de la Marcha de las Mujeres, admite que no conocía el concepto cuando comenzó la organización, pero ahora lo emplea a menudo para enfatizar la creciente diversidad de la Marcha. De esta manera, el concepto se convirtió en una herramienta útil para la marcha en Washington, ya que emprendió la tarea de unir a la corriente principal del feminismo, al brazo popular y a sus facciones disidentes en sólo dos meses (Hess 2017).

El hecho de que el sombrero rosa lograra convertirse en la portada del mes (febrero de 2017) de la prestigiosa revista semanal Time, demuestra el carácter emblemático y simbólico del sombrero, así como la creciente visibilidade impacto público del movimiento y de sus demandas. Dado el carácter inicialmente espontáneo de la marcha y la diversidad de posturas de quienes participaron en ella, pronto surgió la pregunta de cuán sostenible podría ser el movimiento. Como afirma Hess, la Marcha de las Mujeres de 2017 fue una de las mayores manifestaciones masivas en la historia de los Estados Unidos, que además unió bajo un mismo techo a una amplia variedad de grupos, que estaban alarmados por la elección de Trump,. Para Crenshaw, la "pregunta del millón " era, por tanto, si estos feminismos podrían sobrevivir bajo el mismo paraguas anti-Trump (Crenshaw véase en Hess 2017).

6.1.2. De la Marcha al Movimiento

El potencial para convertirse en un movimiento más amplio se hizo evidente nueve días después de la primera marcha (2017), cuando masas de manifestantes se reunieron en los aeropuertos para protestar después de que Trump aplicara la "prohibición musulmana" para siete países, seis de ellos de mayoría islamita. Algunos de los organizadores consideran la protesta en el aeropuerto como un paso decisivo hacia algo más que una marcha de un día. "La protesta en el aeropuerto fue la primera victoria de la resistencia", comentó la directora de estrategia en redes sociales y organizadora nacional de la Marcha de las Mujeres, Alyssa Klein. "La Marcha de las Mujeres fue importante como símbolo de resistencia, pero no fue una victoria en relación a un cambio de políticas."La protesta en el aeropuerto tuvo un impacto tangible" (Klein, véase en WMO 2018, 236). Acciones similares se llevaron a cabo contra los ataques de Trump al sistema de prestación de servicios médicos, contra el proceso de ilegalización de los *Dreamers* o soñadores cuando Trump amenazó con terminar el programa DACA (Acción Diferida para los Llegados en la infancia), y contra la Asociación Nacional del Rifle (NRA) (ver Walters 2017). En febrero de 2017, en un artículo del New York Times titulado "Cómo un movimiento de mujeres inestable llegó a liderar la izquierda", Amanda Hess enfatizó el carácter unificador que había tenido la Marcha de las Mujeres para la izquierda estadounidense, pero también señaló el carácter momentáneo de las manifestaciones que necesitaban institucionalizarse para poder convertirse en movimientos más estables. La ex directora de comunicaciones de la Marcha de las Mujeres, Cassady Fendlay, enfatiza que el movimiento es mucho más que las marchas y las burbujas en línea, y que no es "un movimiento anti-Trump" (Fendlay 2018). Como lo demuestran las actividades iniciadas por las organizadoras de la Marcha de las Mujeres, el movimiento pronto se involucró en una variedad deprácticas para el desarrollo institucional y de políticas, teniendo en cuenta también los logros de los movimientos predecesores.

Como indican varias contribuciones en el libro de la Marcha de las Mujeres, "Juntas nos levantamos", el proceso y la práctica de la "acción concertada" dista mucho de ser fácil y requiere de la negociación constante de conflictos. Uno de los obstáculos y trampas que los organizadores de la marcha enfrentaron y aún enfrentan es el de la organización en los tiempos de las redes sociales, como se analiza en la sección titulada Primavera 2017: "¿Pueden las redes sociales cambiar el mundo?" (WMO 2018, 271). Las redes sociales pueden sí ayudar a organizar a muchas personas en un corto periodo de tiempo para obtener una gran visibilidad. La contribución de Jamia Wilson atribuye el impacto "revolucionario" de la Marcha –al menos momentáneo– a las redes sociales cuando afirma que "el 21 de enero, la revolución fue televisada, tuiteada y transmitida en vivo, pero se esfumó en menos de un segundo" (Wilson 2018, 16). En ese sentido, la Marcha de las Mujeres -como otras protestas- es un indicador y una expresión de la necesidad de otras formas de organización, como señaló Gloria Steinem, co-presidenta honoraria y legendaria feminista de la Marcha: "A veces debemos situar nuestros cuerpos donde están nuestras creencias. A veces no basta con pulsar 'enviar'" (Steinem, véase en WMO 2018, 97).

Sin embargo, las protestas también inspiraron a la derecha conservadora y radical, como puede observarse al acceder a los comentarios en *Fox News*, en blogs conservadores o en Tweets pro-Trump, donde las manifestaciones se presentan en forma de una narrativa de oposición (Hess 2017). Después de la Marcha, *Fox News* se burló de fragmentos de los discursos durante el mitin, mientras que Breitbart publicó imágenes con el título "¡Mira qué clase de bala masiva, moldeada por Hillary, América acaba de esquivar!" (Hess 2017). El Centro de Investigación de dichos medios de derecha presentó su colección de los "signos más viles y ridículos", y la organizadora palestino-americana de la Marcha de las Mujeres, Linda Sarsour, fue asediada por ataques anti-musulmanes en Twitter y Facebook. Asimismo, los manifestantes de la Marcha anual por la Vida "Pro-vida", que se congregaron en el centro comercial de Washington para manifestarse en contra del derecho al aborto, fueron reportados por *The Blaze* como "la verdadera marcha de las mujeres", lo que ejemplifica el modo en que la creación de dos realidades diferentes y de burbujas de percepción mediática funcionan, como Seeßlen describiera al referirse a los partidarios de Trump (véase Seeßlen 2017).

Hess se sorprendió de que todos los manifestantes se reunieran bajo el mismo paraguas en una marcha de mujeres (Hess 2017), ya que sólo dos meses antes, la izquierda parecía fragmentada y dividida sobre las razones por las que Hillary Clinton fue derrotada electoralmente. Algunos dijeron que Clinton había ignorado las áreas rurales pobres de la clase obrera blanca o apartado a otros candidatos del escenario, otros hicieron a la política de identidad responsable de hacer que los votantes blancos de la clase obrera se sintieran excluidos o culparon a los blancos por no movilizar a sus "familiares" del "*heartland*" (Hess 2017). Recién cuando Hillary Clinton perdió las elecciones, el feminismo popular sufrió una crisis, ya que los resultados de las votaciones pusieron en evidencia las divisiones entre los diferentes grupos de mujeres: el 53% de las mujeres blancas votaron a favor de Trump, lo que sugiere que muchos estadounidenses no se oponían a la misoginia. El resultado también develó los puntos débiles de las políticas estrictamente basadas en políticas identitarias, del feminismo, ya que, como afirma Hess, "rompió la burbuja del feminismo impresionantemente entusiasta, que había alcanzado su enorme popularidad a expensas de la conciencia de clase y de la solidaridad racial". (Hess 2017). Mientras que en el otoño de 2016 la izquierda parecía severamente dividida, la Marcha de las Mujeres sirvió para proporcionar una plataforma de unidad y, sobre todo, para crear una conciencia más "interseccional".

En el 2019, dos años después de la primera marcha, numerosas voces, entre ellas la de la columnista del New York Times, Michelle Goldberg (2019), presentaron una pesimista -¿quizás inoportuna?- conclusión de que el movimiento había fracasado. Estas voces acusaron a los organizadores de la Marcha de no haber logrado consolidar el poder una vez que se ubicaron en la cúspide de un movimiento de masas y de haber distanciado a muchos de sus partidarios. "Es doloroso ver cómo la Marcha de las Mujeres se desmorona ahora, pero tal vez siempre estuvo destinada a ser un momento en lugar de un movimiento" (Goldberg 2019). La Marcha de las Mujeres de 2019 se fragmentó debido a acusaciones de antisemitismo, que dieron como resultado la realización de dos marchas diferentes en la ciudad de Nueva York. Goldberg percibe la división de la Marcha tras las acusaciones de antisemitismo contra la organizadora Linda Sarsour y muchos otros miembros como el resultado de una organización no coordinada, típica de las redes sociales, en las que el contenido y las diferencias políticas a menudo se diluyen con frecuencia en simples lemas, basándose en la protesta "contra" algo, y sin tomar en consideración los puntos de coincidencia con otros participantes. "La Marcha de las Mujeres se enfrentó a un problema endémico de los movimientos de protesta que se organizan espontáneamente por Internet y que pueden remontarse al Occupy Wall Street" (Goldberg 2019). Goldberg argumenta que la protesta masiva solía requerir una organización profunda y sostenida, con todo el compromiso y el nexo entre individuos que implicaba, pero que ahora se ha vuelto obsoleta a través de la organización digital. Como consecuencia, "a menudo se deja de lado a las personas tratando de crear un movimiento después de una acción de gran repercusión, más que antes del mismo por no existir objetivos comunes claros o líderes que tengan una legitimidad ampliamente aceptada" (Goldberg 2019).

6.1.3. Formulación de demandas: La agenda de las mujeres 2019

La ex directora de comunicaciones de la Marcha de las Mujeres, Cassady Fendlay, hace un balance más positivo después de los dos primeros años del movimiento y afirma lo siguiente: "Si vamos a trabajar juntos y a seguir compartiendo estrategias, lo solucionaremos" (Fendlay 2018). En el pasado, había sido organizadora sindical y activista contra la violencia policial, y se unió al movimiento en el 2017 para apoyar la Marcha. Desde el principio hasta el 2018, Fendlay fue directora de comunicaciones de la Marcha de las Mujeres y coordinó el proceso que condujo a la "Agenda" publicada en 2019.

Basándose en su experiencia como organizadora, Fendlay considera que las redes sociales son una herramienta poderosa para la comunicación directa, cuyo alcance no tiene precedentes. Sin embargo, las considera a la vez como "una terrible herramienta para la organización" y confiesa que sigue siendo "una fanática de las conversaciones interpersonales" (Fendlay 2018). No obstante, cuando los medios de comunicación de derecha sacan las cosas de contexto (por ejemplo, la denigración de mujeres musulmanas), las redes sociales pueden ser una herramienta para crear espacios de oposición y "tal vez (…) más inteligencia social (…) (para) cambiar el marco de una información que debe ser evaluada críticamente" (ibidem). Ella percibe un peligro en la estrategia de la oposición de derecha de demonizar y destruir a todas las voces disidentes, como se pudo observar en el caso de la acusación de antisemitismo hecha a la organizadora de la Marcha de las Mujeres, Linda Sarsour: "ahora tenemos a todas estas maravillosas personas elegidas, pero cada vez que presentamos líderes fuertes, buscan derribarlas" (ibidem). La principal motivación aquí es el "sentido de emergencia que se origina del juego del sistema de supremacía blanca que busca mantenernos en crisis, en emergencia" (ibidem). A pesar de estos obstáculos, ella continúa lista para la batalla. Fendlay señala que la Marcha de las Mujeres de abril del 2019 se basó en una red descentralizada que abarcó 30 estados de los Estados Unidos. "Comenzamos como una protesta espontánea, pero rápidamente nos movilizamos para construir algo en común y con objetivos concretos" (ibidem). Fendlay fue la responsable de la organización del "proceso" de construcción de la Agenda, en la que se extrajeron diez áreas temáticas de los Principios de Unidad y se crearon diez comités. El consejo consultivo estuvo conformado por los mismos creadores de los Principios de Unidad, interesados en ampliar la visión del "tipo de gobierno que nos gustaría tener" (Fendlay 2018). El financiamiento sigue siendo "muy de base". El proceso de creación de la Agenda, por ejemplo, contó con el apoyo de los estudiantes de la escuela de políticas públicas, Robert F. Wagner, de la Universidad de Nueva York, ya que Fendlay era la única miembro del personal remunerado, trabajando un promedio de 80 horas semanales. El plan era considerar las numerosas intersecciones que deberían lograrse a través de la construcción deliberada de de una lista de prioridades en cada comunidad (mujeres de color, mujeres con discapacidades, etc.). Cada comunidad eligió dos de las políticas más urgentes para ser incluidas en la Agenda.

En el sitio web de la Marcha de las Mujeres, la agenda de las Mujeres 2019 está representada bajo el hashtag #*Womenswave* (#olademujeres) y el anuncio "estamos poniendo a trabajar nuestra influencia colectiva en los pasillos del poder" (Agenda 2019). La introducción señala que "nuestra agenda política interseccional feminista es la primera en su tipo", y en el texto introductorio se subraya la necesidad de tener movimientos sociales sostenibles en tiempos de crisis política como el actual de manera que los movimientos sociales sean capaces de dicha crisis:

> Históricamente, los movimientos de protesta son difíciles de sostener. (…) En este momento de la historia de los Estados Unidos, que probablemente será descrito en los libros como uno de los más oscuros, hemos perdido los sectores judicial y ejecutivo del Estado, junto con el Senado. Los movimientos sociales son el único baluarte contra la creciente ola de autoritarismo, misoginia, nacionalismo blanco, ra-

> cismo, antisemitismo, homofobia, transfobia, xenofobia, islamofobia, discriminación contra personas discapacitadas, clasismo y discriminación por edad (ibidem).

Refiriéndose a Kimberlé Crenshaw, quien introdujo el concepto de interseccionalidad para enfrentar el dilema jurídico de los ejes de opresión que se entrecruzan, como el racismo y el sexismo, la Agenda cataloga su programa como decididamente interseccional:

> Hoy en día, abogamos por una comprensión más amplia de lo interseccional cuando luchamos por un cambio social y político. Esto significa, por ejemplo, comprender que el problema del acceso al servicio de salud es diferente para las mujeres negras, las mujeres trans, las mujeres discapacitadas y las mujeres indígenas; por lo tanto, las políticas que abordan la cobertura del sistema de salud deben tener en cuenta estos distintos impactos y experiencias. Creemos que la Agenda de la Mujer es la primera plataforma política feminista interseccional. La Marcha de las Mujeres convocó a un grupo de 70 líderes del movimiento para crear este conjunto de 24 prioridades esenciales de la política federal que forman los cimientos de la Marcha de las Mujeres del 2019 en Washington y que fijan las prioridades de nuestro movimiento durante los próximos dos años (ibidem)

La Marcha de las Mujeres proclama como "Nuestra Misión" "crear un futuro nuevo para este país, uno en el que todos seamos libres, iguales y donde nos sintamos seguros" (Women's March 2019). Las actividades incluyen un programa de "Empoderamiento juvenil" con más de 200 capítulos dirigidos por jóvenes en todo el país. Paralelamente, un programa de "Incidencia y defensa en línea" afirma que la Red en torno a la Marcha de las Mujeres es "un programa de incidencia y defensa en línea para luchar contra la deslegitimación de la democracia en línea" (Women's March 2019). El sitio web también presenta una serie de grupos que forman parte de la red y que se han gestado en los últimos dos años, comprometiéndose consistentemente a hacerle frente a "la creciente ola de violencia estatal que amenaza a las mujeres en todo el país y el mundo". Entre éstos, se incluye la movilización para la marcha "Un día sin una mujer" en marzo del

2017, una manifestación para exigir el fin de la violencia armada o la organización de la Convención de Mujeres en Detroit en octubre del mismo año. En el 2018, la red lanzó "Poder a las urnas", cuya motivación se centró en exigir el fin de la separación de las familias de los inmigrantes en la frontera entre Estados Unidos y México. Asimismo, organizó un mes de acciones sostenidas como parte de la campaña *#CancelKavanaugh*, el candidato a juez de la Corte Suprema acusado de acosar sexualmente a muchas mujeres. En la misma línea temática del sitio web, la red mantuvo un compromiso constante a través de un programa telefónico que se centró en el contacto de mujer a mujer en el 2018, cuya finalidad era motivarlas para votar en las elecciones de medio término y nutrir los "canales de comunicación de la Marcha de las Mujeres". En este programa ("Women's March Media Channel") se compartieron historias de vida reales de un grupo diverso de organizadoras y activistas en sus espacios de acción (Women's March 2019). La Agenda demuestra que se están llevando a cabo numerosas prácticas de construcción y consolidación institucional en el contexto de las organizadoras y activistas de la Marcha de las Mujeres, que se incluyen actividades a largo plazo.

6.1.4. Redes internacionales y un impacto más amplio

Al ser cuestionada sobre cómo se relacionan los movimientos con el sistema y qué papel juega para ellas la crítica al capitalismo, Fendlay (2018) afirma que "rechazamos ser parte del sistema que se construye sobre principios excluyentes. Nuestra visión es transformadora, un mundo que se ve muy diferente a nuestro mundo actual". Y continúa: "ciertamente no estamos a favor del sistema capitalista tal como es ahora, ya que dicho sistema está construido sobre la base de desigualdades". Sin embargo, afirma que, debido a que "la violencia está presente hoy en día debemos abordar este tema mientras trabajamos para cambiar el sistema (…), tenemos que hacer lo que nos toca hacer hoy" (ibidem). Una de las estrategias que respalda es intentar que la gente entre al Congreso y cambie el sistema, aunque es consciente de que "el sistema bipartidista no es el adecuado para lo que pretendemos" (ibidem). En marzo del 2018, ya había un fuerte compromiso de apoyar a candidatos para las elecciones de medio término del mismo año, donde estaban incluidas mujeres de orígenes diversos, que representaban valores progresistas. Las organizadoras de la Marcha de las Mujeres respaldaron a sólidas candidatas de base en diez "estados batalladores", realizando giras "de a pie, cara a cara", capacitaciones en el registro de votantes y confrotando diferentes ejes de opresión. Para Fendlay, por lo tanto, fue particularmente importante incluir las voces de las mujeres más afectadas y tradicionalmente excluidas de los movimientos feministas, como las mujeres indígenas. En este marco, destaca que desde las elecciones de medio término del 2018, por primera vez en la historia hay dos mujeres indígenas en el Congreso (ibidem). Además, admite que hasta ahora no ha habido una conversación formal con los movimientos feministas latinoamericanos, pero que "existe solidaridad y estamos luchando por objetivos comunes" (Fendlay 2019). Ella considera que el mayor énfasis en una postura anticapitalista, presente en los actuales movimientos latinoamericanos, proviene de "un lenguaje diferente debido a su historia social única". Fendlay subraya que las organizadoras de la Marcha de Mujeres intentan ser "premeditadamente anticolonialistas" y buscan involucrar a feministas indígenas y puertorriqueñas (Puerto Rico continúa siendo un territorio de los Estados Unidos).

Cuando a Sophia Andary, líder de la Marcha de Mujeres de San Francisco, se le pregunta sobre el contacto y diálogo con otras organizaciones de derechos de la mujer fuera de los Estados Unidos, duda: "Hmm (…) Yo diría que fuera de los EE.UU. no hay tanto, porque con toda honestidad desde que Trump asumió, ha sido un trabajo permanente . Es realmente difícil concentrarse en algo más que en los derechos locales y nacionales" (Andary 2018). Andary subraya además que el feminismo interseccional debe "considerar también la situación global y tiene que preocuparse realmente por lo que le pasa a una mujer en el Medio Oriente, o lo que les pasa a las mujeres en México o en otras partes del país, y no solamente a las mujeres, ¿qué pasa con la gente que está en lucha?" (ibidem). Andary califica la experiencia de participar en la Marcha de las Mujeres como "una gran manera de empoderar a las mujeres para que den un paso hacia adelante, y también fue una gran oportunidad para empoderar a mujeres que nunca habían estado involucradas, para que puedan decir: 'Tengo una voz y necesito asegurarme de que mi voz sea escuchada'" (ibidem). Sin embargo, también es consciente de las tensiones y conflictos que han acompañado al movimiento desde sus inicios. El primero de ellos parte de la circunstancia, antes mencionada, de que el movimiento fue una iniciativa de mujeres blancas que querían utilizar un término tomado de una protesta históricamente afroamericana, lo que puso en marcha el debate sobre la "urgencia de la interseccionalidad" (Crenshaw) (véase la charla de Crenshaw en el marco de las conferencias TED "La urgencia de la interseccionalidad" sobre la doble invisibilización de las mujeres afroamericanas afectadas).

Andary considera que el movimiento de la Marcha de las Mujeres es una plataforma particularmente adecuada para el "progreso y el cambio interseccional" que tan urgentemente necesita llevarse a cabo y enfatiza que el movimiento no es sólo para las mujeres, sino que incluye temas como el medioambiente, el cuidado de la salud y los derechos LGBT. Sin embargo, Andary es escéptica en cuanto a si el feminismo o la marcha de las mujeres pueden proporcionar una visión más amplia hacia una sociedad alternativa y con miras al futuro. Admite que numerosos grupos involucrados en políticas de identidad, centrados en un único tema, han estado viviendo en una especie de "burbuja", y que es necesario superar esta tendencia.

> Y ahí es donde tiene lugar la interseccionalidad. No se trata sólo de mi área, no se trata sólo de mujeres, no se trata sólo de LGBT. Tiene que relacionarse todo, tiene que ser aquello por lo que estamos luchando y protegiéndonos unos a otros, porque ésa es la única manera, y eso es lo que asusta a muchos. ¿Por qué crees que tanta gente minimiza la Marcha de las Mujeres? Fue la primera vez en la historia que un mismo día se tuvo a la gran mayoría de personas en las calles. (Andary 2018)

En resumen, a partir de la elección de Donald Trump y de las movilizaciones previas de movimientos como *Black Lives Matter*, *Say Her Name*, y *Occupy*, o las Precarias de la Deriva de España, el movimiento de la Marcha de las Mujeres logró llevar a cabo una política decididamente interseccional. El enfoque principal ha sido el género, la raza y la etnia, o el estatus migratorio. Al principio, el diálogo internacional se limitó a otros grupos de la Marcha de Mujeres en el extranjero y se preocupó menos por el diálogo con movimientos como NiUnaMenos en América Latina.

6.2. #NiUnaMenos

Foto no. 6: TitiNicola. Niunamenos 3J 2018 Santa Fe, Argentina. June 2018. Wikimedia Commons.

Habiendo comenzado como una protesta contra los feminicidios y la violencia contra las mujeres en el 2015, #NiUnaMenos/#NiUnaMás, , también se ha convertido en América Latina en una de las mayores manifestaciones y se encuentra entre los movimientos feministas más visibles. El asesinato de Chiara Páez, en el 2016, fue el punto de partida de una serie de nuevas protestas que se intensificaron tras el asesinato de Lucía Pérez, en 2017 y la sospechosa desaparición del activista, Santiago Maldonado, también en 2017. El lema del movimiento, "Ni una mujer menos, ni una muerte más", también hace referencia a las predecesoras feministas, aunque alude a un pasado mucho más reciente: la frase "Ni Una Muerta Más" acuñada en 1995 por la activista y escritora, Susana Chávez, para referirse a la lucha contra los feminicidios en México (#NiUnaMenos 36). En el 2011, la misma Chávez fue asesinada. A través de una identificación retórica con "todas las mujeres (agredidas/asesinadas)", los lemas abordan en gran medida una política de solidaridad y de unión de fuerzas que trasciende la política de identidad, lo que también vimos en el contexto de la Marcha de las Mujeres. Las contribuciones al libro hacen referencia a la Marcha de las Mujeres, pero también a la poetisa y activista afroamericana, Audre Lorde; y a la autora chicana, Cherríe Morraga, importantes precursoras de una agenda feminista, transnacional e interseccional que Karina Bidaseca define como "una nueva era de lo político/de la política":

> "Ni Una Menos" en América Latina y la "Marcha de las Mujeres" en Washington son el emblema de un nuevo movimiento feminista transnacional, antirracista, antiimperialista, anti-neoliberal, anti-heteronormativo y del nacimiento de una nueva era política. (Bidaseca y Lois 2017, 10)

La dedicatoria al libro #NiUnaMenos enfatiza esta noción comunitaria de experiencias compartidas, así como formas concretas de resistencia expresadas en un "nosotras" inclusivo:

> Dedicado a la memoria de las mujeres que fueron sacadas de las comunidades, a las desaparecidas por el tráfico o la orfandad de sus hijas, a las familias. Son como cada una de nosotras (...) no son otras (...) son nuestras, somos ellas. Por una vida libre de violencia contra las mujeres, por la emancipación. ¡Nos queremos vivas! (Bidaseca y Lois 2017)

María Cecilia Canevari, investigadora de estudios de género y organizadora de #NiUnaMenos en la Universidad de Santiago del Estero en Argentina, admite que últimamente ha habido una "explosión" de movimientos feministas en todas partes. Sin embargo, subraya la importancia de tener en cuenta que estos movimientos se remontan a una larga trayectoria de resistencia y organización feminista. Para el contexto argentino actual, considera, particularmente importantes para el activismo de hoy en día, los "Encuentros Nacionales de Mujeres", que se llevan a cabo anualmente desde 1986. Según Canevari (2019), quien participadesde hace 30 años, estos Encuentros estuvieron marcados por una participación muy plural, con intensos debates y por la construcción de una agenda común: "Los Encuentros Nacionales han sido y siguen siendo una escuela del feminismo" (ibidem), enfatiza. La campaña nacional por un aborto legal, seguro y gratuito surgió del Encuentro Nacional de 2005, así como los proyectos de "ley en siete ocasiones" (1995), para la igualdad de derechos y oportunidades, que fueron incluidos por primera vez en las agendas de las cámaras legislativas (ibidem). Además de las demandas legislativas, los movimientos feministas en Argentina han trabajado con miras a las transformaciones culturales, subraya Canevari. Por ejemplo, desde el fin de la dictadura militar (1979-83), hay una presencia considerable de feministas en la academia. La "ley de cupo femenino" (1991) garantiza a las mujeres el acceso a la representación política . Canevari está convencida de que los movimientos feministas buscan una nueva forma de lo político, lo cual considera aparentemente difícil en un clima y sistema patriarcales aunque reconoce que las protestas de #NiUnaMenos representan diversidad y otras formas de hacer política. "¿Qué podemos hacer para feminizar la política?" se pregunta Canevari, considerando que las preguntas más urgentes son: "¿qué debemos hacer para que nuestras reivindicaciones lleguen al centro de los debates políticos y no queden siempre marginadas? ¿Qué podemos hacer para que la gente entienda que las estructuras patriarcales y capitalistas dañan nuestras vidas y nuestro planeta?" (ibidem). Para atender a las demandas implícitas en estas preguntas, considera "importante tener prácticas antisistémicas, ser disfuncionales, provocar molestias" (ibidem). Trabajar dentro y fuera de las estructuras estatales e institucionales y "recordar que lo personal es político, y que, en cada espacio que ocupemos, podemos ser disonantes y molestar al orden patriarcal" (ibidem). Ella considera que los medios de comunicación tradicionales en Argentina son absolutamente machistas, ya que los dueños son hombres, como también lo son las lógicas que circulan. Sin embargo, en 2018, uno de los programas de televisión, dirigido por hombres, presentó el debate sobre el aborto legal y ofreció otras perspectivas diferentes a las que se habían transmitido anteriormente al respecto. Otros programas comenzaron a abordar el tema y las feministas pudieron ser vistas en los medios de comunicación "algo sin precedentes en nuestro país", destaca Canevari-. Añade que las redes sociales como Facebook, WhatsApp o Twitter juegan un papel muy importante tanto para la derecha conservadora como para los movimientos feministas jóvenes, también para los movimientos sociales en general. "La primera marcha de #NiUnaMenos, el 3 de junio de 2015, fue difundida por la noche y fue multitudinaria. Esto sólo fue posible gracias a las redes sociales" (ibidem).

Del mismo modo que los *Pussy Hats*, pudieron verse por todas partes durante las Marchas de las Mujeres y se convirtieron en símbolos de éstas; los pañuelos verdes son el símbolo de las manifestaciones de #NiUnaMenos, puesto que unen visual y semióticamente a los diferentes cuerpos que se en la protesta como un cuerpo "político" unificado de resistencia.

6.2.1. Cuerpos en concierto: los pañuelos verdes

Foto no. 7: TitiNicola. Marcha Ni Una menos en Buenos Aires 3 de Junio de 2017. Wikimedia Commons.

Foto no. 8: ProtoplasmaKid. Pañuelazo verde en Ciudad de México por el aborto legal en Argentina. Agosto de 2018. Wikimedia Commons.

Primero en Argentina y luego en toda América Latina, los pañuelos verdes (bandanas o pañuelos), que muchos manifestantes de #NiUnaMenos/#NiUnaMás usaron, surgieron como símbolo de lucha por el derecho al acceso al aborto legal y gratuito en 2018. Poco tiempo después, cerca de ocho mil pañuelos verdes fueron vendidos anualmente por un precio simbólico. Los pañuelos ya se han convertido en el símbolo de una protesta feminista mucho más amplia (ver Muzi 2018).

Los pañuelos verdes surgieron en Argentina por los pañuelos blancos de las Madres y Abuelas de Plaza de Mayo, en Argentina que exigen una explicación de la“desaparición” de sus hijos durante la dictadura militar. Dicho reclamo se inició en plena dictadura con sus rondas semanales que continuaron realizando por muchos los años. Estas mujeres, buscaron simbolizar los pañales que personalizaron al coser en cada uno de ellos los nombres de sus hijos.

El primer uso de la versión verde por parte de los promotores de la campaña para el aborto legal, según Carolina Muzi, se remonta al año 2003, durante el "XVIII Encuentro Nacional de Mujeres", en Rosario. Estos activistas originalmente querían usar un pañuelo lila, el color históricamente asociado al feminismo global, pero el púrpura estaba agotado. El verde estaba disponible y el color tenía además muchas asociaciones positivas, como la esperanza de una vida mejor para las mujeres, ya que representa la defensa de la salud (Muzi 2019). En el 2018, el número de ventas superó los 200.000 pañuelos. Muzi cita a una diseñadora de modas que argumenta que la práctica de vestimenta homogénea es un acto de oposición, identificación, diferenciación y resistencia; y ella describe esta práctica como una "alteración del espacio público" producido por el verde de los pañuelos, así como por el hecho de que muchos manifestantes también se vestían de verde o llevaban maquillaje verde (ibidem). Los pañuelos son producidos por cooperativas de mujeres y se pueden pedir por Internet (ver la plataforma de comercio electrónico en "Mercado libre"). Los pro-vida (anti-aborto) de Macri adoptaron los pañuelos azules.

6.2.2. Los #Manifiestos

Al igual que las organizadoras de la Marcha de las Mujeres, las manifestantes de #NiUnaMenos pronto formularon objetivos políticos más concretos, expresados en forma de Manifiestos entre el 3 de junio de 2015 y el 24 de marzo de 2019. #NiUnaMenos publicó 24 Manifiestos en su sitio web. Entre los que se destacaron temas como "Trabajadoras somos todas" (Manifiesto #18, 1 de mayo de 2018), "Las guerrilleras son nuestras compañeras" (Manifiesto #24, 21 de marzo del 2019), "El grito en común: ¡Vivas nos queremos!" (Manifiesto #3, 21 de mayo del 2016), "Ni Una Menos Por Aborto Inseguro" (Manifiesto #13, 25 de septiembre del 2017), o "#Vivas y DesendeudadasNosQueremos" (Manifiesto #11, 2 de junio del 2017) (todos en: Resumen Latinoamericano 2019). Todas las afirmaciones hechas en los Manifiestos apuntan a una política interseccional de solidaridad y de lucha en varios niveles, así como a una comprensión holística, y fuertemente sistémica, de las desigualdades y de la violencia como parte de las estructuras de poder económicas, capitalistas y coloniales. Asimismo, apuntan a una comprensión sobre la constitución de un cuerpo feminista colectivo.

El Manifiesto #1 enfatiza la motivación original del movimiento NiUnaMenos, el cual destacó la violencia contra las mujeres y los feminicidios y, simultáneamente, e hizo hincapié en el carácter sistémico de estos asesinatos, así como en la necesidad de una organización colectiva para escandalizar a la opinión pública y detener los asesinatos sistematizados de mujeres por el solo hecho de ser mujeres:

> En el 2008, mataban a una mujer cada 40 horas; en el 2014, cada 30 horas. En estos 7 años, los medios de comunicación han publicado noticias sobre 1808 feminicidios. ¿Cuántas mujeres fueron asesinadas por el simple hecho de ser mujeres? No lo sabemos. Pero sí sabemos que tenemos que decir basta. En estos años, los feminicidios dejaron huérfanas a unas 1.500 niñas y obligaron a algunas de ellas a vivir junto a los homicidas. El problema nos compete a todos. La solución debe ser construida en conjunto. Necesitamos unir compromisos para cambiar una cultura que tiende a pensar en las mujeres como consumidoras y objetos desechables y no como personas autónomas (sitio web de NiUnaMenos).

Manifiesto #11 subraya la actividad "haciendo cuerpo" como una forma colectiva de protesta y oposición frente a la deuda nacional: "El 10 de mayo estábamos haciendo/construyendo un cuerpo colectivo en la Plaza de Mayo para evidenciar nuestro contrapoder frente a la impunidad de los crímenes del Terrorismo de Estado mientras el gobierno de la Alianza Cambiemos comprometía la vida de generaciones futuras tomando miles de millones de deuda" (Agenda 2019). Afirman que el financiamiento a través de deudas permite una forma de explotación directa de la fuerza de trabajo, de la potencia vital y de la capacidad de organización de las mujeres en las casas, en los barrios, en los territorios. "La violencia machista se hace aún más fuerte con la feminización de la pobreza y la falta de autonomía económica que implica el endeudamiento" (ibidem). El movimiento feminista se consolidó como un actor social dinámico y transversal, capaz de hacer visibles las diversas formas de explotación económica.

Canevari (2019) afirma que el movimiento feminista en Argentina también se enfrenta a una creciente "guerra" contra la "ideología de género", como puede observarse en el documental presentado por CLACAI (Consorcio Latinoamericano Contra el Aborto Inseguro) titulado Género bajo ataque. Como en muchos lugares, en Argentina el crecimiento de las iglesias evangélicas neopentecostales es enorme y son particularmente exitosas en los sectores "empobrecidos por las políticas neoliberales y también en las cárceles o entre personas con adicciones". Para la autora,

> Crecen especialmente donde la gente está sufriendo y, actualmente, las economías, la creciente individualización y el aislamiento, generan sufrimiento. Es decir, cuando todo es malo en la tierra, la religión te ofrece resignación, consuelo y la promesa de que, al menos en lo sucesivo, estarás bien. La Iglesia Católica también está luchando. Vemos a una facción notoria en contra de las feministas y los movimientos por la diversidad (ibidem).

En Colombia, por ejemplo, los actores eclesiásticos han presionado en la esfera política para que se eliminen todas las cuestiones relacionadas con el género de la Constitución después del primer referéndum (ver Duzán 2018). Sin embargo, como cuenta Canevari, sus últimos viajes a otros países latinoamericanos le han demostrado que "los pañuelos verdes, símbolo de la legalización del aborto en Argentina, son conocidos y replicados. También hemos visto fotos, desde diferentes ciudades, expresando su solidaridad" (Canevari 2019, traducción J.R.). Las manifestaciones del 8 de marzo también fueron importantes para la consolidación e internacionalización del movimiento. Cada pequeña ciudad participó en la protesta internacional, "y hay una clara conciencia de que nos estamos uniendo a un movimiento global" (ibidem). Canevari resalta la dimensión económica y estructural de las desigualdades que este movimiento aborda y combate, ya que la protesta de las mujeres "permitió un giro en el Día

Internacional de la Mujer Trabajadora que fue considerado como un día de celebración y que ahora ha quedado de manifiesto que se trata de una conmemoración de las luchas de las mujeres trabajadoras, aquellas que murieron. Pero también ha hecho visible el trabajo femenino no remunerado que sostiene la economía" (ibidem).

En resumen, en el contexto estadounidense, la narrativa de los recientes movimientos feministas se ha centrado predominantemente en la unión de diferentes minorías. Al igual que en las publicaciones mencionadas sobre el movimiento NiUnaMenos, Canavari pone un mayor énfasis en la importancia de la dimensión económica y expresa, desde la postura de los manifestantes en América Latina, una crítica abierta al capitalismo y en contra de la violencia contra las mujeres. En Brasil, los movimientos que siguieron al asesinato de la política Marielle Franco y a la elección del extremista de derecha, Jair Bolsonaro en el 2018, combinan ambas perspectivas y además resaltan una fuerte crítica anticolonialista.

6.3. ¡Marielle Presente!, #EleNão y #MulheresContra-Bolsonaro

Foto no. 9: Yuri Salvador. Marielle, presente!. Marzo de 2018. Flickr.

En Brasil, el asesinato de la política afrobrasileña abiertamente gay Marielle Franco y de su chofer Anderson Gomes, a quienes se les disparó con 13 balas la noche del 14 de marzo de 2018, motivó movilizaciones y protestas masivas en todo el país y en todo el mundo más de un millón de manifestantes expresaron su ira e indignación por este brutal asesinato, considerado como un crimen político. Como afirma Amnistía Internacional, existen numerosos indicadores que apuntan a un asesinato profesional. Según algunos expertos, las municiones empleadas, por ejemplo, provenían del arsenal de la policía federal, y las armas utilizadas estaban registradas como pertenecientes a la policía local. Amnistía Internacional hizo referencia a fuentes cercanas a las autoridades quienes indicaron que agentes externos intentaron influir en la investigación (véase Amnistía Internacional). Jurema Werneck, directora de Amnistía Internacional Brasil, afirmó en marzo del 2019, un año después de la muerte de Marielle, que "está claro que se trató de un asesinato completamente planeado, en el que probablemente también estuvieron implicados actores estatales" (Amnistía Internacional). Las autoridades que examinan la muerte de Marielle Franco no han confirmado ni rechazado hasta ahora si están investigando una posible implicancia de la policía militar, funcionarios locales, milicias o de un grupo de sicarios conocido como *Crime Office*. La investigación del caso está marcada por numerosos aspectos no resueltos (ibidem).

Marielle Franco era originaria de Maré, una de las favelas más grandes de los suburbios de Río de Janeiro y miembro y representante del partido político PSOL (Por el Socialismo y la Libertad). Marielle fue una de las primeras de su generación en beneficiarse de los programas de acción afirmativa implementados durante el gobierno de Lula da Silva. Dentro de la escala de una persona por cada 2.000 habitantes de la favela, ella se encontraba entre aquellos que poseían un título universitario. Marielle Franco también fue elegida como representante de la resistencia frente al golpe de Estado contra Lula da Silva, y se pronunció contra las desigualdades, la violencia y el racismo. Continuó viviendo en Maré y se convirtió en una política inmutable frente a la corrupción que cuestionó la privatización de la política de seguridad a través de la milicia y la desatención de las favelas en favor del turismo y de megaeventos como la Copa Mundial de Fútbol de la FIFA 2014 o los Juegos Olímpicos de 2016. La política, activista y ex asesora de Marielle Franco, Mônica Francisco, en una charla en marzo del 2019 en Berlín, la describió como alguien que rompía "con todo lo normativo", ya que representaba a todo aquello que antes estaba marginado y, por lo tanto, era vista como una "amenaza para el orden" por parte de las fuerzas conservadoras y radicales de derecha (Francisco 2019, traducción J.R.). Francisco concibe el asesinato de Marielle como un símbolo, porque ella representaba a "todos los que no tenían voz en el parlamento". A partir de estas nuevas aunque aún muy pocas– posibilidades de visibilidad, los afrodescendientes se oponen ahora al "estado colonialista, extractivista, que rechaza nuestros cuerpos" (ibidem). (La muerte) El asesinato de Marielle Franco forma parte de una larga tradición de violencia policial contra brasileños afrodescendientes y habitantes de las favelas. Francisco ve la actual reacción política neoliberal y pro-militar de la supremacía blanca en Brasil, como una "lucha de clases propuesta por una élite violenta". Asimismo, piensa que no es una coincidencia que, en el momento en que las mujeres negras entraron en la política, se percibiera el retorno de un estilo paramilitar. La propia Francisco se unió a una comisión que investiga las conexiones de Bolsonaro con la "mafia paramilitar".

El asesinato de Marielle Franco suscitó inmediatamente amplias protestas bajo el lema "Marielle Presente!" que fueron lideradas por mujeres brasileñas afrodescendientes y homosexuales en todo Brasil. Al poco tiempo, también hubo manifestaciones a nivel internacional, en ciudades como Berlín, Coímbra y Lisboa. El retrato de Marielle comenzó entonces a aparecer en paredes, calles y en muchos lugares en forma de carteles, graffitis y esténciles. Durante el carnaval de Río de Janeiro de 2019, la *Estação Primeira de Mangueira*, una de las mayores y más exitosas escuelas de samba en Brasil, que destaca especialmente durante la transmisión en vivo del carnaval, dedicó su actuación a Marielle Franco.

Una iniciativa titulada, "Justicia para Marielle Franco", recibió el apoyo y firmas de personalidades famosas y muy diversas como Chimamanda Adichie, Ken Loach, Arundati Roy, Tah-Nehisi Coates, Angela Davis, Jesse Jackson, Edward Snowden y Noam Chomsky. El columnista Tobias Käufer considera a Franco como "el rostro de la resistencia en Brasil" (Käufer 2019), y Sharrelle Barber afirma que el lema "'Marielle, Presente!' se ha convertido en un grito de guerra en la lucha mundial contra el racismo" (Barber 2018). Después de la elección de Jair Bolsonaro a la presidencia en octubre de 2018, las protestas de las feministas afrodescendientes y de sus numerosos aliados, se intensificaron y ahora constituyen una de las fuerzas de resistencia más activas y visibles en una sociedad brasileña cada vez más polarizada.

En agosto del 2017, Ludimilla Teixeira, una anarquista afrodescendiente nacida en una de las comunidades más pobres de Salvador, Bahía, creó la página de Facebook *Mulheres Contra Bolsonaro* (Mujeres contra Bolsonaro), que sólo acepta a seguidoras mujeres y que cuenta con casi 4 millones de miembros. Además de este grupo, surgió un movimiento bajo el lema y el hashtag *#EleNão* (#ÉlNo), lo que pronto impulsó a cientos de miles a manifestarse en las calles de Brasil y del mundo, convirtiéndose así en la mayor manifestación organizada por mujeres en la historia de Brasil (ver Brum 2018). En Twitter, *#EleNão* tuvo más de 193.000 menciones entre el 16 y el 18 de septiembre de 2018, según el monitoreo hecho por investigadores de la universidad FGV. Adicionalmente, hubo 152 mil tweets con el hashtag *#EleNunca* (#ÉlNunca). La lista de mujeres que se posicionaron en contra del candidato de extrema derecha incluye a prominentes actrices, periodistas y presentadoras de televisión. "*#EleNão* no es sólo política. Se trata de una cuestión moral.", dijo la actriz Deborah Secco a sus 3,4 millones de seguidores. (BBC 2018)

El movimiento *Black Lives Matter* y el movimiento *Say Her Name* en los Estados Unidos, mediante la repetición de sus nombres y la exhibición continua y pública de sus fotos en carteles, iniciaron una política similar para hacer visibles los (cuerpos) muertos, sistemáticamente invisibilizados, de los afroamericanos, con la finalidad de hacer también visibles las estructuras y los actores que permiten y cometen estos asesinatos, exigiéndoles rindan cuentas.

En la página de Facebook del movimiento ciudadano de São Paulo "Bancada Activista" dedicado a elegir activistas para el poder legislativo, se publicó un video. En su introducción, se pueden escuchar las consignas: "Marielle Franco presente! Anderson, presente" de los y las manifestantes el 15 de marzo de 2018 en São Paulo. Los carteles exhiben frases como Preta LGBTQ Marielle Presente (LGBTQ negra, Marielle Presente), *Vidas negras e faveladas importam* (Las vidas de los negros y de las favelas importan) o Somos Todxs Marielle (Todos somos Marielle), este último sostenido por una joven afrodescendiente. Bianca, una de las entrevistadas, afirma que "Marielle está presente en cada una de nós" (Marielle está presente en cada una de nosotras). Por lo tanto, mediante la reivindicación de Marielle Franco y de todo lo que su figura representa– por haber sido una mujer lesbiana negra de la favela que había alcanzado un alto cargo político y luchado por la justicia social– y, simultáneamente, al afirmar que cada una de ellas es Marielle Franco (Somos Todxs Marielle), las manifestantes, predominantemente negras y queer, a las que se sumaron aliados de diversas posturas, lograron "unir" sus cuerpos "precarios" en las calles. Al hacerlo, formaron política, simbólica y discursivamente un cuerpo colectivo de resistencia conjunta en medio del clima político racista, sexista, misógino y homofóbico que enfrentan. De esta manera, practican una política de interseccionalidad *incorporada* desde abajo. Marielle Franco se ha convertido entonces en un símbolo de esta lucha interseccional:

> Marielle Franco será un símbolo de las luchas emergentes en el futuro de Brasil. Algunos de los que ahora sufren las pérdidas y guardan luto, encuentran consuelo bajo la esperanza de que los asesinatos sean un punto de quiebre que impulse un rechazo más contundente en contra de la militarización de la seguridad pública bajo el actual gobierno. Pero la férrea oposición de Franco como defensora de aquellos que son marginados –afrobrasileños y afrobrasileñas, mujeres, personas de LGTBQI, residentes en las favelas– ilustra tanto la fuerza de su mensaje, como el esfuerzo que algunos harán para silenciarlo (Cardoso e Ystanes 2018).

Al mismo tiempo, el número de mujeres y personas LGBTQI en el parlamento brasileño alcanzó un punto históricamente bajo, como Maya Salam (2018) señala: "De los 964 candidatos de este año, 272 son mujeres, 215 son personas de color y 26 son abiertamente L.G.B.T.Q. La cuota de candidatos hombres y blancos –el 58% es la más baja de las últimas cuatro elecciones" (Salam 2018). Sin embargo, como concluye Francisco, "ahora hacemos política y nuestra presencia significa que este proceso es irreversible" (Francisco 2019, traducción J.R.). Con la finalidad de hacerse de una voz e imaginar la política de otra manera, ella ve al feminismo negro como algo importante, ya que éste es inclusivo y construye importantes alianzas estratégicas. Además, funciona como una forma colectiva y circular sin llegar a ser "decente" (ibidem).

Al reivindicar "la presencia de Marielle" y su legado político vigente, así como al exigir, que su asesinato sea esclarecido, ya sea mediante graffitis en las paredes que muestran su retrato en los espacios públicos o en carteles por las calles, los manifestantes se resisten contra una política que invisibiliza los asesinatos y margina por motivos racistas, sexistas, homo y transfóbicos (ver el sitio web conmemorativo de Marielle Franco: https://www.mariellefranco.com.br). "Hemos empezado a destruir el mito de la igualdad", continúa diciendo Francisco, debido a que históricamente, los brasileños afrodescendientes "son cuerpos de resistencia y rebeldes" (Francisco 2019). Sharelle Barber, quien había asistido al evento al que Marielle Franco convocó la noche anterior a su asesinato, está convencida de que ella fue asesinada tanto por hablar en nombre de los negros y de los pobres de las favelas como contra la brutalidad policial y porque acababa de ser elegida para un puesto de poder con el quinto conteo de votos más alto de los 51 concejos municipales que votaron en la oficina de Río. Barber está segura de que la protesta tras su muerte que ella concibe como "un ejército de Marielles" y, por lo tanto, también como un cuerpo (estratégicamente) unido para la lucha- que ayudará a continuar su legado político y a la resistencia contra las fuerzas de derecha, racistas, homofóbicas y sexistas:

> Las protestas masivas que siguieron a su muerte y las imágenes de mujeres negras al frente de la denuncia (...) me aseguraron que la resistencia está vigente, que su legado perdurará y que un ejército de Marielles -mujeres negras, fuertes, audaces, brillantes e inquebrantables- se levantará y ocupará su lugar. En efecto, Marielle Presente (Barber 2018).

*

Todas las protestas mencionadas comenzaron como eventos espontáneos únicos como reacción a diversos hechos políticos. Con la Marcha Internacional de Mujeres del 8 de marzo de 2016, los diferentes movimientos se han vuelto más organizados y políticamente más concretos y enfocados a fines específicos, despertando así la esperanza de una forma de lucha más institucionalizada y de mayor alcance y duración.

7. De las Manifestaciones de Protesta al Paro Internacional de Mujeres 8M

El Paro Internacional de Mujeres, también conocido como la International *Women's Strike*, coincidió con el Día Internacional de la Mujer, el 8 de marzo de 2017 y de 2018. A partir de 2019, el Paro se ha convertido en un movimiento global coordinado en más de 50 países. La idea de un paro de mujeres se remonta a una protesta de 1975 en Islandia. El 8 de marzo del 2000, la Campaña Internacional por un Salario para el Trabajo en el Hogar convocó al primer Paro Internacional de Mujeres, exigiendo el derecho de las mujeres a la justicia por su contribución no reconocida a la fuerza laboral. El movimiento fue especialmente activo durante los años 2000-2001. El 19 de octubre del 2016, en Argentina, miembros del movimiento Ni Una Menos y otras organizaciones feministas, como la española Internacional Feminista, convocaron a un paro de una hora y a varias manifestaciones, después de una semana con 7 casos de feminicidios. La primera Marcha de Mujeres en Washington también se celebró el 21 de enero del 2017. El primer Paro Internacional de Mujeres fue el 8 de marzo del 2017 y tuvo lugar en más de 50 países de todo el mundo. Protestas como la del Día Internacional de la Eliminación de la Violencia contra la Mujer, el 25 de noviembre de 2017 en diferentes países, y la respuesta masiva a la convocatoria de la Marcha de las Mujeres de 2018, en Estados Unidos, son consideradas como antecedentes. Durante la tercera Conferencia Mundial de Mujeres de la Confederación Sindical Internacional (CSI)/Asamblea de Organización de Mujeres, celebrada en octubre de 2017, 200 mujeres sindicalistas de todo el mundo se reunieron en Costa Rica, y representantes sindicales de Argentina y Brasil exhortaron a los sindicatos a que participaran en la segunda convocatoria del Paro Internacional de Mujeres, celebrado el 8 de marzo de 2017.

Bajo consignas como #NosotrasParamos, #*WeStrike* y "Lo que ellos llaman amor es trabajo no remunerado", los movimientos feministas convocaron a un paro de trabajadoras, estudiantes, personal que brinda atención y cuidado del hogar, consumidoras y usuarias.

Una de las principales demandas fue la de una sociedad libre de violencia contra las mujeres, cuya expresión más visible es la agresión y el asesinato de éstas por el simple hecho de ser mujeres. También insistieron en la reivindicación de los derechos laborales de las mujeres, afectadas por el trabajo bajo condiciones precarias, así como en la brecha salarial de género y en el acoso sexual en el ámbito laboral. La pobreza, la violencia racial, la persecución de los inmigrantes y los recortes en los programas sociales y de salud fueron también denunciados. En un volante del paro del 8 de marzo en Argentina pudo identificarse una enérgica oposición a la política actual, pero también a la opresión estructural sobre la que se construye esta política: "Si nuestras vidas no valen, ¡produzcan sin nosotras!". De esta manera, los manifestantes apuntaron a las estructuras económicas basadas en la división desigual, racializada y por género en el trabajo, así como la precocidad y la constante descalificación de ciertos cuerpos que se consideran desechables (8M 2105, 9).

Los paros fueron significativos, al menos, por dos razones: primero, porque se produjeron en muchos lugares alrededor del mundo, lo que significa que son transnacionales; y segundo porque, al parecer, concentraron y articularon reclamos y políticas previamente expresadas por muchos movimientos que habían actuado de manera separada y los relacionaron con el nivel global y estructural de la explotación y de la opresión capitalista radicalizada y generalizada.

> En los dos Paros de Mujeres que organizamos en menos de un año, junto con mujeres sindicalistas y otras organizaciones de todo tipo, pudimos reunir y colocar en la agenda las demandas del sector formal y de los desempleados, de las economías populares, para conjugarlas con la reivindicación histórica del reconocimiento del trabajo no remunerado que hemos realizado las mujeres desde siempre, así como la politización de la asistencia y el reconocimiento del trabajo independiente. En este marco, creemos que es necesario avanzar en el tratamiento de las formas renovadas de explotación que empobrecen nuestras condiciones de vida y hacen precaria nuestra existencia, y

> las cuales configuran además el marco en el que el número de feminicidios se ha duplicado. Estos son números que están en estrecha relación. (8 M 2015, traducción J.R.)

En los Estados Unidos, inspiradas por los llamados de Argentina y otros países latinoamericanos, las organizadoras de la Marcha de las Mujeres también se unieron al Paro de Mujeres del 8 de marzo de 2017, dos semanas después de la primera marcha de 2017 (WMO 253). Alyssa Klein ve retrospectivamente el "Día sin una mujer" como "un ensayo para la Marcha de las Mujeres, una prueba para ver si podíamos continuar y que no se trataba de un evento único que iba a terminar unos meses después" (Klein, WMO 2018, 253). Las organizadoras recibieron muchas críticas por su decisión de unirse al Paro. La organizadora de la Marcha de las Mujeres, Cassady Fendlay, confirma que fueron duramente criticadas por personas que las consideraban demasiado radicales y las acusaban de desviar la atención de los derechos de las mujeres (Fendlay 2019). Ella admite que en los Estados Unidos, "mucha gente no es consciente de lo que está pasando en otros lugares". Subraya, sin embargo, que la idea de denominar a las versiones estadounidenses del Paro como "Un día sin una mujer" está estrechamente relacionada con las experiencias de las mujeres latinas del colonialismo y del racismo, mujeres que protestaron contra sus condiciones de trabajo, bajo los lemas "Un día sin un mexicano" y "Un día sin un o una inmigrante". Para Fendlay, la participación en el Paro supuso un paso decisivo hacia el establecimiento de estructuras más sostenibles:

> Creo que fue muy importante exponer este mensaje radical. El poder de la gente para realizar un paro colectivo y suspender su trabajo del sistema por un día realmente remeció el barco. Espero que haya sentado muchas bases, especialmente para los jóvenes, para que lo vean como algo viable, como una táctica de construcción de poder (Fendlay, WMO 2018, 253).

El alcance de los paros de las mujeres también se hizo visible a través de la convocatoria a un paro publicada en *The Guardian*, el 6 de febrero de 2017 por activistas e intelectuales prominentes como Linda

Martín Alcoff, Cinzia Arruzza, Tithi Bhattacharya, Nancy Fraser, Barbara Ransby, Keeanga-Yamahtta Taylor, Rasmea Yousef Odeh, y Angela Davis (Alcoff etal. 2018a). Las promotoras mencionaron explícitamente el impacto de los movimientos latinoamericanos, especialmente los argentinos, en lo que respecta a las políticas interseccionales, los problemas estructurales y la construcción de coaliciones:

> Nos inspiramos en la coalición argentina Ni Una Menos. La violencia contra las mujeres, tal como la definen, tiene muchas facetas: la violencia doméstica, pero también la violencia del mercado, de la deuda, de las relaciones de propiedad capitalista y del estado; la violencia de las políticas discriminatorias contra las mujeres lesbianas, trans y queer; la violencia estatal ante la criminalización de los movimientos migratorios; la violencia del encarcelamiento masivo; y la violencia institucional contra los cuerpos de las mujeres a través de la prohibición del aborto y la correspondiente falta de acceso a la atención médica gratuita (…) Unámonos el 8 de marzo para hacer huelga, salir, marchar y manifestarnos. Aprovechemos la ocasión de este día internacional de acción para acabar con el feminismo magro y construir en su lugar un feminismo para el 99%, un feminismo de base, un feminismo anticapitalista. Un feminismo solidario con las mujeres trabajadoras, sus familias y sus aliados en todo el mundo (ibidem).

Las autoras enfatizan que la marcha no fue suficiente y que el "ataque a las mujeres", que en su opinión es anterior a la administración de Trump, necesita mucho más que una oposición espontánea contra sus "políticas agresivamente misóginas, homofóbicas, transfóbicas y racistas". Aquí, al igual que las activistas latinoamericanas en quienes se inspiran, acentúan la dimensión sistémica de las opresiones y desigualdades que buscan abordar: "Más bien urge apuntar al actual ataque neoliberal contra las prestaciones sociales y los derechos laborales" (ibidem). Haciéndose eco de la noción del "99%", que se había vuelto muy famosa durante el movimiento *Occupy*, las autoras proponen un "feminismo del 99%" que ya ven "emergiendo internacionalmente" y sitúan su lucha en esta tradición: "desde el paro de mujeres en Polonia contra la prohibición del aborto hasta las huelgas y marchas de mujeres en América Latina contra la violencia masculina; desde la inmensa manifestación de mujeres del pasado noviembre en Italia hasta las protestas y el paro de mujeres en defensa de los derechos reproductivos en Corea del Sur e Irlanda" (Alcoff et.al. 2018a). Al subrayar las luchas combinadas que estos movimientos feministas movilizaban, las autoras reclamaron una ampliación de agenda que sea "a la vez antirracista, antiimperialista, antiheterosexista y antineoliberal" (Alcoff et.al. 2018a). Con el objetivo de contribuir a este nuevo movimiento feminista propusieron, como primer paso, unirse a los otros 30 países y planear un paro internacional contra la violencia masculina y por los derechos reproductivos el 8 de marzo. Como mencionaron estas activistas norteamericanas, la atención a las dimensiones estructurales de la opresión y la urgencia de los entrelazamientos entre el capitalismo global y la división del trabajo que las autoras demanda, ya había sido en parte una tarea central que se habían propuesto los movimientos feministas latinoamericanos.

En febrero de 2019, fue publicado un llamamiento y un manifiesto similar para la huelga "general e internacional" de mujeres: "Martes, 8 de enero de 2019: Llamamiento al paro feminista 8M 2019" en un periódico nacional y en diversas plataformas en línea por los organizadores del colectivo Ni Una Menos en Argentina, un mes antes de los paros y de las manifestaciones de las mujeres a realizarse el 8 de marzo del 2019. Este texto también se basó en una comprensión decididamente interseccional de la lucha "feminista", que buscaba efectivizar una crítica clara del capitalismo neoliberal global. En el año electoral argentino, el texto buscaba aunar una serie de luchas basadas en la explotación y opresión estructurales contra las mujeres y las personas de géneros diferentes, así como contra grupos precarizados y marginados fuera de las fronteras (Llamamiento al paro feminista 8M 2019).

> Este año volvemos a organizarnos para la huelga feminista en todo el mundo. Nosotras y nosotres paramos: en las casas, en las ferias, en las fábricas, en las universidades y en todos los lugares de trabajo; en la selva, en las ocupaciones de tierra y en las villas; en las economías

> populares y en los trabajos precarizados; en las calles y en las comunidades, en los hospitales y en el campo. Paramos en todos los lugares y ampliamos una vez más el paro: hacemos saltar sus fronteras, le inventamos nuevas geografías. Redefinimos así los lugares mismos donde se trabaja y se produce valor. Reconocemos y dignificamos las labores históricamente invisibilizadas, explotadas y despreciadas: el trabajo reproductivo, el trabajo comunitario, el trabajo migrante. (Resumen Latinoamericano 2019)

Se puso especial énfasis en las desigualdades estructurales inscritas en la división del trabajo internacional y por género, así como en la devaluación del trabajo reproductivo y de la prestación de servicios de atención y cuidado. El movimiento está motivado por la violencia resultante contra las mujeres y las personas de diferentes géneros, que abarca desde la violencia doméstica hasta la ilegalización del aborto y el feminicidio:

> También paramos contra la familia heteropatriarcal y el confinamiento doméstico, contra la explotación de nuestros territorios, contra el abuso sexual de los machos en posiciones de poder, contra los femicidios y travesticidios, contra la criminalización de lxs migrantes, contra la clandestinidad del aborto, contra la justicia patriarcal, contra el empobrecimiento y el endeudamiento sistemático, contra el asesinato de las lideresas territoriales, contra el racismo, contra los fanatismos religiosos y la moralización de nuestros deseos. Porque paramos contra las estructuras y los mandatos que hacen posible la valorización del capital. (ibidem)

El manifiesto leído durante la huelga denunciaba fuertemente la crisis económica, los recortes en los gastos de salud y educación y la suspensión de personal en dichas áreas bajo el gobierno de Macri en Argentina. La protesta asimismo se dirigió a la injerencia de la Iglesia Católica y llamó a la implementación de una “educación sexual integral laica” basada en perspectivas científicas, feministas y de estudios de género, así como en los derechos de los transexuales, de las personas con discapacidad y en la integración de las mujeres afro-indígenas.

Al congregarse físicamente en las calles, estas mujeres y sus aliados adoptaron una postura contra el control histórico y continuo, la precarización y el carácter "descartable" de los cuerpos femeninos, de géneros diferentes, racializados, así como de cuerpos pobres y colonizados. Gabriela Lozano Rubella señala cómo las actividades, en torno a la huelga del 8 de marzo de 2019, reunieron a los campos artísticos y académicos y lograron organizar una impresionante movilización de fuerzas diferentes:

> Entre las más de 100.000 personas que se congregaron en la movilización en la Plaza de Mayo, había mujeres, lesbianas, travestis, personas trans, bisexuales, no binarios, personas intersexuales y obesas de la clase trabajadora. En el horizonte, además de la diversidad, el dominio del color verde era evidente. Las bandanas de la Campaña Nacional por el Aborto Legal, Seguro y Gratuito rodearon a los títeres, los brazos y las cabezas de las mujeres jóvenes y adultas. Algunas decoraron bolsos y mochilas, mientras que otras se cubrieron el pecho con ellas. (Lozano Rubello 2019)

Varios colaboradores del libro 8M hacen referencia a la noción de huelga propuesta por Rosa Luxemburgo como "camino y proceso" y práctica crítica (p.ej., Gago 18-19). A partir de la experiencia de la "precariedad de la existencia como condición común" (Gago 2018, 13, traducción J.R.), Gago entiende la huelga como una oportunidad para "otras formas de pensar el territorio y, en particular, el cuerpo como territorio (cuerpo-territorio)" (ibidem). En sintonía con la noción de Silvia Federici sobre el cuerpo femenino como fábrica de trabajadores contratados por los sistemas capitalistas y, por lo tanto, el principal territorio de explotación y resistencia en las protestas y huelgas -sus cuerpos- se levantan y resisten su explotación y las estructuras desiguales construidas sobre éstos. (Federici, véase en Draper, 71).

*

Como hemos visto, los actuales movimientos feministas abordan ejes de opresión multidimensionales e interseccionales y los relacionan con las desigualdades estructurales como el patriarcado, el capitalismo neoliberal y los legados coloniales que los reproducen. En todos los movimientos recientes, múltiples cuerpos precarizados se unen, disputan, protestan y resisten la violencia colonial y las resultantes desigualdades que persisten y renacen. De esta manera, reivindican una nueva forma de lo político, mediante un nuevo lenguaje:

> ¿Es posible que estemos construyendo un nuevo lenguaje que nos permita discutir los sentidos/sentimientos involucrados en la violencia contra las mujeres? (…) es un nuevo lenguaje que nos invita a poner el cuerpo, a levantarnos cada día por lo que creemos. No se trata de actos mediáticos que multipliquen un eslogan, sino de entender que todos constituimos una sociedad patriarcal que nos encasilla, que nos inyecta conciencia y roles preestablecidos, y que marca las normas sobre cómo "deben ser" las relaciones sociales. (Vacca 2017, 41)

Al reunir en las calles y en redes a diversas y múltiples entidades y cuerpos precarios solidariamente con la finalidad de oponerse a los ataques racistas y sexistas de la derecha, los actuales movimientos feministas se oponen, disputan y resisten al etnosexismo populista de derecha que actualmente encontramos en todas partes. Tanto a nivel teórico como a través de sus prácticas, estos movimientos desarrollan simultáneamente el concepto de interseccionalidad mediante el reconocimiento de las desigualdades como estructurales, así como profundamente arraigadas en el sistema capitalista y en una larga historia de opresión racista-colonial y de género. Todos los ejemplos de luchas feministas discutidos anteriormente demuestran que los movimientos, en ambos hemisferios, van más allá de las luchas feministas clásicas basadas en "un único tema". De hecho, estos nuevos movimientos feministas se ven a sí mismos como alianzas de solidaridad que denuncian colectivamente a diferentes grupos y ejes de desigualdad, así como demás formas entrelazadas de opresión, con el objetivo de lograr nociones alternativas de sociabilidad. Isabell Lorey percibe así una perspectiva/salida futura optimista en relación al potencial de los movimientos como una nueva forma de lo político:

> La ola de huelgas feministas transnacionales se dirige contra el racismo, las fronteras cerradas y los nacionalismos exclusivos, ejércitos, masculinismos de extrema derecha y populistas, las relaciones de explotación del capitalismo neoliberal; y contra el "anti-género", promovido sobre todo por el Vaticano y la Iglesia Católica. Son manifestaciones gigantescas en las que participan millones de personas y que están desplegando un nuevo y enorme poder feminista y queer en todo el mundo, una ola fuerte que puede rebasarlo todo. (Lorey 2019, 4)

En referencia a las particularidades y potencialidades de los actuales movimientos feministas, Susana Draper se centra en las nuevas articulaciones que produce el activismo feminista actual, al que se refiere como una "poética" de la solidaridad y de la interseccionalidad, y que constata en los carteles y en los discursos de las marchas. El género silenciado y todos sus aliados cantan, corean y bailan, y de esta manera reclaman un espacio y una visibilidad en el mismo espacio en el que han sido históricamenteproscriptos. . Las formas creativas y artísticas juegan un papel fundamental en este sentido, como muestran muchas de las presentaciones en las Marchas de las Mujeres, las manifestaciones de NiUnaMenos y en las huelgas de 8M. Por medio de una referencia a una larga trayectoria y memoria de resistencia, que feministas anticapitalistas negras y decoloniales como Angela Davis y Silvia Federici vinculan con movimientos actuales, Draper atribuye a este lenguaje el potencial de ser "una poética de lucha hacia un nuevo feminismo" (Draper 64). Asimismo, subraya las nuevas articulaciones de procesos hasta ahora restringidos a la academia, que los movimientos como el 8M han reconectado en las actuales luchas (Draper 65). Ella se pregunta cómo el potencial anticapitalista de la "palabra clave" interseccionalidad, puede ser rearticulado, apropiado y resignificado para el análisis de las "opresiones entrelazadas y para el funcionamiento del poder" (67).

8. Perspectivas de la Parte II: ¿Una nueva poética de solidaridad e interseccionalidad?

Las luchas feministas que están emergiendo actualmente están involucradas en un contexto de radicalización de un masculinismo blanco, heteronormativo y reaccionario en muchos lugares y ámbitos, que actualmente busca oponerse a la pluralización de las sociedades y formas de vida, expresadas en el populismo de derecha, como se explica en la primera parte de este ensayo. *En Notes Toward a Performative Theory of Assembly* (Notas hacia una Teoría Performativa de la Asamblea,2015), Judith Butler describe el momento actual como "una situación biopolítica" en la que diversas poblaciones se ven cada vez más afectadas por la llamada "precarización". En su opinión, esta precarización se hace operativa a través de la pulverización general de los remanentes activos de la democracia social, a la vez que promueve ideologías de responsabilidad individual, según las cuales los sujetos están obligados a maximizar constantemente su valor de mercado de una manera empresarial y a ver ésto como el objetivo absoluto (15). A su vez, al abordar la cuestión sobre qué función puede desempeñar la asamblea pública en este contexto, qué "forma de ética opuesta" incorpora y expresa, concluye que en medio de "un sentido cada vez más individualizado de ansiedad y fracaso", la asamblea pública "incorpora la idea de que esta condición social es a la vez compartida e injusta", de ahí que "la asamblea establece una forma provisional y plural de coexistencia que constituye una alternativa ética y social distinta a la 'responsabilización'" (15-16, traducción C.B.L.). definir dónde va el punto

A través del diálogo en torno a diversas historias y nociones de lo político, emerge lo que Gago denomina, el "sujeto imprevisto" (Gago 2018, 22) del feminismo. A través del "arraigo corpóreo", este tema evoca la herida (para muchas: herida colonial) como condición para trastocar la escena política (ibidem, 22-23). La creación del cuerpo común de resistencia feminista permite pensar e imaginar una nueva poética y nuevas figuras de conectividad y diálogo entre "nortes y sures" (Draper, 65). Butler también menciona la importancia de las formas "incorporadas" de resistencia. Las feministas de color, así como las feministas post y decoloniales como Grada Kilomba –"el cuerpo como herramienta política" (Kilomba 2019)- han enfatizado desde hace mucho tiempo una noción similar del cuerpo. Han destacado particularmente su potencial para utilizar los "conocimientos del cuerpo" para atacar al "inconsciente anticapitalista y colonialista", y políticamente "convertirse en un solo cuerpo" (Bardet, 110). A este respecto, María Lugones (2010) hace mención de las "subjetividades resistentes", que son incorporadas por mujeres colonizadas que intentan constantemente rechazar la opresión. A las personas racializadas como negras en el contexto de la colonización y la esclavitud, se les ha negado históricamente el mismo estatus de cuerpo que a los blancos y se les ha reducido a la condición de "carne simple", según lo ha demostrado Hortense Spillers. Según Butler (2015), la propia presencia de estos cuerpos en el espacio público denuncia el hecho de que no son desechables. "Ellas están ejerciendo un derecho plural y performativo a hacerse presentes, el cual afirma e instaura el cuerpo en medio del campo político" (11) y así orquestan una "performatividad plural e incorporada (…) marcada por la dependencia y la resistencia" (18). El actuar en forma concertada, entonces, "puede ser una forma incorporada de poner en tela de juicio las dimensiones incompletas y poderosas de las reinantes nociones de lo político" (9).

Al promover, defender y, sobre todo, representar la diversidad, los movimientos actuales hacen visibles y abren la posibilidad a formas alternativas de lo social y de lo político frente a la precarización neoliberal y a las "respuestas" o "soluciones" populistas de derecha. Por su misma presencia y mediante sus reivindicaciones, ponen en tela de juicio el "dogma represivo que ha arrojado a las sombras a tantos géneros y vidas sexuales, sin reconocimiento y privados de todo sentido de futuro" (Butler 2019). Por lo tanto, son odiados y temidos por sus oponentes conservadores y de derecha. Las Huelgas de las Mujeres, en particular, constituyen un escenario importante para las reivindicaciones feministas y para contrarrestar las tendencias neoliberales y derechistas. Estas acciones de protesta llaman la atención sobre la noción de violencia contra la mujer como un fenómeno estructural y sobre la devaluación estructural de los trabajos de prestación de cuidados y reproducción, así como sobre las relaciones de poder sociopolítico de discriminación, exclusión y deportación. Proporcionan, de esta manera, un medio para entender los movimientos y las alianzas actuales como transversales e interseccionales. Las huelgas constituyen así un instrumento transnacional y abierto a una multitud de actores. No sólo para las mujeres, sino también para los trabajadores precarios y migrantes. (véase Lorey 2019)

Como lo demuestran las numerosas referencias a sus predecesoras (en su mayoría a las Mujeres de Color), los manifestantes sitúan sus luchas en esta tradición. De esta manera, se evoca un nuevo sentido de interseccionalidad que reconecta el concepto con el activismo radical y con las raíces prácticas de las que surgió después de haber estado durante mucho tiempo restringida a debates académicos y teóricos. Según Butler, los "cuerpos en alianza" (2015, 28) que hacen visibles sus protestas y reivindicaciones en las calles de Washington, Buenos Aires, Río de Janeiro, Berlín, Nueva York, Varsovia y muchos otros lugares, señalan la modalidad social de los cuerpos y "vinculan el género y las minorías sexuales con las poblaciones precarias de manera más general" (28). A través de una unidad política basada en múltiples posiciones y experiencias –como lo expresan los emblemáticos sombreros rosa o *Pussy Hats* de las Marchas de las Mujeres, los pañuelos verdes del movimiento Ni Una Menos, o el grafiti de (e identificación con) Marielle Franco, en Brasil– los manifestantes hacen también visibles y audibles las "condiciones de interdependencia" (45 y 50) de toda interacción y sociabilidad humana, así como una política interseccional restaurada en la práctica, en la forma de una particular "interseccionalidad incorporada" (Mirza 2013).

PARTE III

9. Horizonte

La actual ola de actores populistas de derecha representa una renovada lucha de los actores populistas por las hegemonía cultural y política en el contexto de la intensificación de las desigualdades, y el aumento de la precarización social y de la inseguridad. En este clima, las corrientes hegemónicas del feminismo se perciben como siendo cooptadas por y/o representativas de los valores neoliberales del individualismo, la economización de las relaciones sociales y la competitividad. Estas corrientes, que se remontan a las reivindicaciones liberales por la igualdad de derechos y la libertad individual, claramente no se pronunciaron con suficiente contundencia -o simplemente no fueron conscientes- de su progresiva incorporación a las políticas neoliberales con sus luchas por los recursos y la correlativa difamación del feminismo(s), o de su pérdida de impacto a través de versiones consumistas.

Los actores populistas de derecha utilizan o, más bien, emergen y se alimentan de las inseguridades actuales para movilizarse en contra de las conquistas emancipadoras y liberales. El género les sirve de escenario y meta-lenguaje para modular y reordenar las constelaciones sociales. Como se ha demostrado a través de los casos de Estados Unidos y Brasil, el género se utiliza de diversas y cambiantes maneras, específicas para cada contexto, con la finalidad de lograr sus objetivos. Debido a las afinidades sistemáticas entre los medios de comunicación (los medios masivos y, cada vez más, las redes sociales) y el populismo, los actores populistas son capaces de movilizar emociones y afectos -un patrón que he denominado "noticias falsas y/o verdades afectivas". Los temas de género son un campo particularmente valioso para el objetivo de crear hegemonía, desde que el género se incorpora a las "cadenas de equivalencia" (Laclau 2005, 84), entre diferentes solicitudes convitiéndolas en demandas o en un único "significante vacío" para "nombrar todos los males". El género apela a las experiencias cotidianas de todas las personas y, además, se basa en una estructura binaria y jerárquica naturalizada. Debido a que esta estructura es incorporada por muchos, puede evocarse fácilmente para crear "verdades afectivas", tales como la noción de que las mujeres son responsables afectivas de los trabajos de atención y cuidado, mientras que los hombres son responsables de la fuerza y la furia. El género también responde a la lógica mediática de simplificar los argumentos y de crear escándalos –a menudo, escándalos sexuales que se relacionan principalmente con el cuerpo femenino– en sintonía con la economía de la atención, típica de los medios de comunicación masivos. El quebrantamiento de tabúes y la eficacia de los escándalos están también en el centro del fenómeno que observamos particularmente en Estados Unidos y Brasil, donde ambos presidentes han sido acusados de agresiones sexistas y racistas. Aunque ambos han decidido estratégicamente ocasionalmente retirar sus declaraciones, han trabajado para acabar con lo "políticamente correcto" impuesto por las élites liberales (percibidas como "corruptas e izquierdistas") dirigiéndose a una expansión de lo que puede decirse.

Además, la interpelación de los patrones masculinistas tradicionales ha servido para la remasculinización de la política, en especial después de que ambos países contaran con la presencia del primer presidente no blanco en los Estados Unidos y proveniente de la clase obrera en Brasil,; así con la primera candidata presidencial de la historia brasileña. He decidido llamar a este patrón "contra el genderismo y la acción afirmativa" en el nombre de la "re-masculinización (blanca)". Ésto atrajo a numerosas votantes y partidarias que se sintieron atacadas en relación a sus estilos de vida o esperanzas de beneficiarse a través de alianzas femonacionales con hombres, en la mayoría de los casos, en contra de inmigrantes, musulmanes, feministas, activistas LGBT u otras minorías. En el imaginario empleado, los inmigrantes se construyen como una amenaza existencial, como una amenaza para las mujeres "autóctonas" y como una amenaza para (la reproducción de) la nación. Yo denomino a los respectivos patrones como "apropiación de los derechos de la mujer" (junto a los relacionados procesos de *en-gendering* a través de "alianzas femonacionalistas") y "Etno-sexismo e interseccionalidad excluyente". Por medio de una externalización etno-sexista asociada al "otro" (inmigrante y, a menudo, musulmán), se intenta reivindicar el régimen sexual y de género más emancipado y superior, mientras que se crean simultáneamente desigualdades sociales y miedos por motivos étnicos. Sin embargo, paradójicamente, la libertad sexual de las mujeres (en parte, incluso de gays), promovida por los populistas de derecha, suele estar limitada a ciertas mujeres: aquellas que representan al "pueblo real", que apoyan sus políticas y que no son "feministas". A través de la inclusión de ciertos derechos de las mujeres, la lucha contra el "genderismo" permite a los populistas de derecha llevar a cabo una especie de modernización que, en el actual clima social de diversificación y pluralización, parece a menudo necesaria, por no decir inevitable.

No obstante, estos grupos, simultáneamente, están reviviendo y (re-)naturalizando los roles y jerarquías tradicionales de género. Por ello, la "ideología de género" es presentada frecuentemente como una de las amenazas más apremiantes para las concepciones derechistas de la familia "normal" (heteronormativa y nuclear), así como del (verdadero) "pueblo" y su reproducción "natural". La campaña de extrema derecha, a menudo acompañada por una influencia religiosa contra la "ideología de género" como colonización ideológica", título y nombre de mi patrón al respecto, facilita la construcción de ésta como una amenaza global contra la que se establece una alianza entre actores derechistas y religiosos conservadores de distintas confesiones. A través de este patrón, el cual he denominado "anticolonialismo inverso", los actores de derecha pueden posicionar a su propio grupo como víctimas y como una "minoría" bajo ataque.

A través de todos estos patrones –los cuales ocasionalmente se combinan y se superponen, pero también se contradicen– , el género sirve a los populistas de derecha como herramienta o puente afectivo (Dietze 2019) para catapultar diversos temas a la esfera pública. Éstos abarcan desde cuestiones demográficas e inmigración hasta regímenes fronterizos y de pertenencia; temas de carácter educativo, división del trabajo, la distribución de los recursos y el bienestar social. Ante este contexto, este ensayo ha argumentado que una dimensión de género interseccional –predominantemente racializada y estructuralmente colonial– no fue un efecto secundario, sino que fue fundamental y formativa para todos los procesos sociales, culturales, económicos y políticos en las Américas. Las contradicciones observadas proporcionan a los actores populistas de derecha una especie de escenario epistémico donde es posible renegociar lo que se percibe como sentido común, y crear una realidad paralela que debe ser protegida y defendida contra sus enemigos internos y externos, todos los cuales están enmarcados discursivamente a través del género. De esta manera, el género sirve para justificar el mantenimiento de los órdenes tradicionales de género basados en el privilegio masculino, la supremacía blanca, una particular división del trabajo y la reproducción en función de éste. A menudo, simulan seguir un paradigma de modernización que las alianzas feminacionales y femoglobales ayudan a proponer. Las contiendas en contra de los derechos de las mujeres y de los LGBT pueden ser interpretadas como una forma de autodefensa. Estos fenómenos, a menudo paradójicos, requieren nuevas respuestas. Como sostiene Dietze (2018), al utilizar las políticas de género –tales como el conservadurismo programático de género y, simultáneamente, el liderazgo femenino y la afirmación de que las mujeres ya están emancipadas– el populismo de derecha crea una dinámica paradójica. Es decir, las contradicciones inherentes a dicha política no se resuelven, sino que permanecen en movimiento y se negocian constantemente. Se opera con simultaneidades, "como si tal cosa", con lo que se crea un nuevo estilo político y se trabaja a través de las afirmaciones.

*

Como lo indican los actuales movimientos feministas que han sido el foco de la segunda parte del ensayo, el género y el antisexismo también construyen una plataforma para la disputa, como reacción a la contienda previa por parte de los actores derechistas en contra de los derechos de las mujeres y de la población LGBT. Las políticas del anti-genderismo que se detallan en la primera parte de este ensayo limitan severamente los derechos, la diversidad y la libertad de elección. Como muchas de sus predecesoras panamericanas, las activistas de los movimientos de la Marcha de las Mujeres, #NiUnaMenos,

#NiUnaMás y Marielle Presente! ponen en tela de juicio los mitos de la separatividad, la pureza y la linealidad que los populistas persiguen (los cuales a menudo son incuestionables en los discursos feministas hegemónicos), . Al construir una (contra) comunidad estratégica e imaginada, tal como la formuló América Ferrera en su discurso en la Marcha de las Mujeres de 2017 en Washington, las actuales feministas transnacionales, transversales e interseccionales albergan la esperanza de poder articular un eficaz contra-discurso frente al actual resurgimiento y ascenso de la supremacía blanca y del populismo de derecha racista, sexista, homo y transfóbico a nivel internacional. Los movimientos feministas practican lo que yo incluso antes de descubrir que Mirza (2013) ya había usado el mismo término– he denominado "interseccionalidad incorporada" para confrontar y detener la tendencia derechista. En primer lugar, las manifestantes feministas unen diferentes cuerpos precarizados, invisibilizados y silenciados por el discurso masculinista y nativista de la supremacía blanca en el espacio público con el propósito de convertir sus presencias en una "reivindicación" (Butler 2015). Evocando un largo legado de opresión colonial-racista y patriarcal, muchas de las manifestantes descubren las estructuras que hacen posible los innumerables discursos públicos de los hombres blancos. Esta situación se originó exactamente a partir de la opresión de los hombres y mujeres colonizados y colonizadas, del silenciamiento y la restricción de lo femenino a lo doméstico, y del imaginario del cuerpo femenino como territorio (Federici). Además, se hizo evidente, a través del alcance interseccional e inclusivo de los movimientos, el objetivo explícito de conformación de coaliciones, así como de la atención sobre las dimensiones estructurales vinculadas a las desigualdades. Asimismo, los movimientos actuales buscan problematizar y superar la complicidad de algún(os) feminismo(s) con las lógicas neoliberales, los cuales, como hemos visto, a veces también pueden ser cooptados por las fuerzas populistas. El largo legado de las luchas feministas antirracistas en las Américas, en particular, ofrece a los movimientos actuales un vasto repertorio de experiencias y estrategias de resistencia para contrarrestar la tendencia populista y extremista de derecha.

Las alianzas políticas y estratégicas que se pueden observar hasta el momento– en los movimientos feministas, tales como las Marchas de las Mujeres y Ni Una Menos, muestran una trascendencia del enfoque restricto sobre la identidad, la diversidad, la pluralidad o las luchas sobre un único tema de las fases anteriores. Estas nuevas formas de solidaridad también desafían la tendencia a priorizar la identidad y a encontrar soluciones individuales para los problemas estructurales. Dicha tendencia también pudo observarse en algunos aspectos significativos de los enfoques feministas, postcoloniales y de los estudios culturales. Otras investigaciones tendrán que conectar estas observaciones con un análisis más sistemático del populismo de derecha y del género para relacionarlos con estudios de casos concretos.

*

Como indican mis principales observaciones, una perspectiva de género y una lectura interseccionales pueden proporcionar nuevas perspectivas decisivas a la investigación y a la teorización sobre el populismo de derecha en el contexto de las crisis actuales, particularmente en lo que respecta a aspectos de su funcionamiento discursivo y de sus lógicas, que de otro modo serían invisibles. Una perspectiva de género interseccional puede, por un lado, ayudar a analizar, describir y criticar mejor las tendencias populistas de derecha actuales, así como las políticas racistas, sexistas y homofóbicas relacionadas. Por otro lado, un enfoque interseccional de género puede ofrecer nuevos puntos de acceso al tema, que posibilite nuevas conceptualizaciones y marcos teóricos para el contexto actual de las luchas contra la hegemonía. Un enfoque feminista radical, interseccional y relacional puede ayudar a poner en evidencia el funcionamiento multipolar de los feminismos y las alianzas correspondientes. Esta perspectiva amplía el alcance del pensamiento a través de nuevas categorías analíticas y de espacialidad en las Américas, basadas en la solidaridad y la conectividad, fomentando a la vez un nuevo pensamiento crítico y una superación de la brecha entre la teoría y la práctica: los movimientos/activismo y la academia.

Sin embargo, podría ser prematuro celebrar el éxito de los nuevos feminismos, a pesar de su impresionante alcance. Por un lado, hasta ahora ha habido poca interacción entre los diferentes movimientos feministas en las Américas (por ejemplo, entre la Marcha de las Mujeres y los Movimientos Ni una menos, el último de los cuales se inició antes de la Marcha de las Mujeres en México y Argentina). Además, el tiempo revelará cuán sostenibles serán los movimientos y si en el futuro surgirán más alianzas transnacionales. Por ello, queda por verse cuán exitosos serán la institucionalización y el impacto de los diferentes movimientos a largo plazo, así como su capacidad para alterar el nivel estructural.

Sin embargo, es impredecible el éxito que puedan tener los movimientos en vista del contexto actual de verdades y realidades cambiantes, que impiden prevenir la aparición de agonismos reales, que Mouffe (en contraste con los antagonismos) considera como los requisitos previos para la democracia (Mouffe 2018, 106). Estrategias como la difamación absoluta de "enemigos" construidos o de la autovictimización, a través de lo que denominé "anticolonialismo inverso", crean nuevos paradigmas, cuyo lenguaje y cuyas herramientas aún no han sido desarrollados. Los movimientos descritos generan la esperanza de que las necesarias contraestrategias están al menos en proceso de elaboración.

10. Agradecimientos

Agradezco a todos los que han hecho posible este ensayo y me han acompañado en el proceso de investigación y redacción, aunque este texto sólo puede ser el comienzo de una investigación mucho más amplia y profunda. Mi más honda gratitud a Gabriele Dietze por inspirarme y darme el impulso inicial para centrarme en el tema, así como por nuestros estimulantes diálogos, discusiones y proyectos en curso. Nuestro taller "Populismo de derechas y género" en el ZiF de Bielefeld en noviembre de 2018 fue crucial para la forma en que se armó el texto. También agradezco a Eleonora Rohland por haber coordinado conmigo la primera mesa redonda sobre el populismo, a Paula Diehl por su participación y su continua aportación al populismo, así como a Birgit Sauer por insistir en la necesidad de una perspectiva de género en la investigación sobre el populismo. Agradezco también a todos los activistas con los que he tenido la oportunidad de hablar, a saber, Cassady Fendlay (¡gracias a Katharina Pühl por hacer la primera conexión!), Sofia Andary, Mónica Franciso y María Cecilia Canevari. Muchas gracias también al maravilloso equipo CIAS de la Universidad de Bielefeld, en particular a Olaf Kaltmeier, Wilfried Raussert, Albert Manke y Eleonora Rohland, así como al equipo de Estudios de Género, Heidemarie Winkel, Alexandra Scheele y Tomke König por sus valiosos aportes y diálogos. Un agradecimiento especial al proyecto del BMBF "Las Américas como Espacio de Entrelazamientos" por el apoyo, y a Edith Otero Quezada por la ayuda diligente con el manuscrito y las imágenes. Estoy agradecida también a mis amigos y familiares (elegidos, del flamenco, y otros) por mantenerme sana y salva a pesar de las dificultades, y quiero expresar mi inmensa gratitud a Thomas Krüger, mi bailarín favorito y hermano en el crimen por su implacable energía positiva e inspiración. Dedico este libro a mi adorable sobrina Polly Luz Roth, la próxima generación.

11. Obras citadas

Abi-Hassan, Sahar. 2017. "Populism and Gender." En *The Oxford Handbook on Populism*, ed. Cristóbal Rovira Kaltwasser, Paul Taggart, Paulina Ochoa Espejo y Pierre Ostiguy, 2-22. Oxford: The Oxford Handbook on Populism.

Ajanovic, Edma, Stefanie Mayer y Birgit Sauer. 2018. "Constructing 'the people': An intersectional analysis of right-wing concepts of democracy and citizenship in Austria". *Journal of Language and Politics* 17, núm. 5: 636–654.

Al-Asawiya, Aisha Sister, 2018. "Sankofa: Look Back to Move Forward." En *Together We Rise: The Women's March. Behind the Scenes at the Protest Heard around the World*, ed. The Women's March Organizers y Condé Nast, 73-74. Nueva York: Harper Collins.

Alcoff, Linda et al. 2016. "We need a feminism for the 99%. That's why women will strike this year." *The Guardian* edición en línea, 27 de Enero.

Amnesty International. 2019. "Ein Jahr nach Mord an Marielle Franco: Behörden müssen Verantwortliche vor Gericht stellen." https://www.amnesty.de/informieren/aktuell/brasilien-ein-jahr-nach-mord-marielle-franco-behoerden-muessen-verantwortliche

Andary, Sofia. 2018. Entrevista por Julia Roth. San Francisco, 18 de Abril.

Assheuer, Thomas. 2018. "Kitsch und Kampf." *Die Zeit* edición en línea, 26 de Julio.

Barber, Sharrelle. 2018. "'Marielle, Presente!' Becomes a Rallying Cry in the Global Fight Against Racism." *Sojourners* https://sojo.net/articles/marielle-presente-becomes-rallying-cry-global-fight-against-racism

Bancada Activista. 2018. "Marielle, presente!". https://www.facebook.com/bancadaativista/videos/1965805397071043/

Bardet, Marie. 2018. “Excursus. ¿Cómo hacemos un cuerpo?.” En 8M: *Constelación Feminista. ¿Cuál es tu Huelga? ¿Cuál es tu Lucha?*, ed. Verónica Gago et al., 109-113, Buenos Aires: Tinta Limón.

Bashi Treitler, Vilna. 2013. *The Ethnic Project. Transforming Racial Fiction into Ethnic Factions*. Stanford: Stanford University Press.

Bassimir, Anja-Maria. 2018. “Definition – Macht – Evangelikal: Standortbestimmung zum gegenwärtigen U.S.-amerikanischen Evengelikalismus.” *Amerikastudien / American Studies* 63, núm. 3: 389-422.

Belausteguigoitia, Marisa. 2009. *Güeras y prietas. Género y raza en la construcción de mundos nuevos*. Ciudad de México: UNAM.

Bidaseca, Karina y Ianina Loi. 2017. “8M: Ni una Menos: Paro Internacional de Mujeres.” En *#NiUnaMenos. Vivxs nos queremos*, 9-14. Buenos Aires: Milena Caserola.

Bidaseca, Karina. 2017. “81800 muertas por feminicidio, 700 desaparecidas y más.” En *#NiUnaMenos. Vivxs nos queremos*, 35-37. Buenos Aires: Milena Caserola.

Boatcă, Manuela. 2015. Global Inequalities Beyond Occidentalism. Farnham: Ashgate.

Boatcă, Manuela y Julia Roth. 2016. “Unequal and Gendered: Notes on the Coloniality of Citizenship Rights”, *Current Sociology* 64, núm. 2, 191–212.

Boatcă, Manuela y Julia Roth. 2019. “Women on the Fast Track? Coloniality of Citizenship and Embodied Social Mobility.” En *Power of the Purse: Global Causes and Consequences of Women's Economic Power*, ed. Samuel Con y Rae L. Blumberg. Sage Publishers, 2019, 162-174.

Borger, Julian. 2018. “Trump administration wants to remove ‘gender’ from UN human rights documents”, *The Guardian* edición en línea, 25 de Octubre.

Brah, Avtar and Ann Phoenix. 2004. “Ain't I a Woman? Revisiting Intersectionality.” En *Journal of International Women's Studies* 5, núm. 3, 75-86.

Brum, Eliane. 2018. "How a homophobic, misogynist, racist 'thing' could be Brazil's next president", *The Guardian* edición en línea, 6 de Octubre.

Butler, Judith. 2019. "Judith Butler: the backlash against 'gender ideology' must stop.", *The New Statesman America* edición en línea, 21 de Enero.

Butler, Judith. 2015. *Notes Toward a Performative Theory of Assembly*. Cambridge: Harvard University Press.

Cardoso, Rafaela y Margit Ystanes. 2018. "Marielle Franco, Presente!" *Nacla* https://nacla.org/news/2018/03/28/marielle-franco-presente

Canevari, María Cecilia. 2019. Mensaje de correo electrónico a la autora. 27 de Abril.

Caldwell, Kia Lilly. 2007. *Negras in Brazil. Re-envisioning Black Women, Citizenship, and the Politics of Identity*. Nuevo Brunswick, Nueva Jersey, y Londres: Rutgers UP.

Canovan, Margaret. 2002. "Taking Politics to the People: Populism as the Ideology of Democracy." En *Democracies and the Populist Challenge*, ed. Y. Mény y Y. Surel, 25–44. Basingstoke: Palgrave Macmillan.

Case, Mary Ann. 2019. "Trans Formations in the Vatican's War on 'Gender Ideology'", *Signs: Journal of Women in Culture and Society* 44, núm. 3, 639-664.

Clacai. 2018. "Género bajo ataque."
https://www.youtube.com/watch?v=wUP5Gu8RgZA

Combahee River Collective. 1981. "A Black Feminist Statement." En *This Bridge Called My Back: Writings by Radical Women of Color*, ed. Cherrie Moraga y Gloria Anzaldúa, 210–218. Nueva York: Kitchen Table, Women of Color Press.

Cohen, Stanley. 1981. *Folk Devils and Moral Panics The creation of the Mods and Rockers*. Nueva York y Londres: Routledge.

Cohen, Claire. 2017. "Donald Trump sexism tracker: Every offensive comment in one place", *The Telegraph* edición en línea, 14 de Julio.

Coronil, Fernando. 1996. "Beyond Occidentalism: Toward Nonimperial Geohistorical Categories." *Cultural Anthropology* 11, núm.1, 51-87.

Coronil, Fernando. 2011. "The Future in Question: History and Utopia in Latin America (1989-2010)." En: *Business as Usual: The Roots of the Global Financial Breakdown [Vol 1, Possible Futures Series]*, ed. Craig Calhoun and Georgi Derluguian, 231-292. Nueva York: New York University Press, SSRC.

Costa, Sérgio. 2018. "Im brasilianischen Wahlkampf ist Verleumdung Programm." *Süddeutsche Zeitung* edición en línea, 19 de Octubre.

Crenshaw, Kimberly. "The urgency of intersectionality | Kimberlé Crenshaw." https://www.youtube.com/watch?v=akOe5-UsQ2o

Darlington, Sasha. 2018. "Jair Bolsonaro, Candidate in Brazil, Faces Women's Calls: #NotHim", *The New York Times* edición en línea, 24 de Septiembre.

Davis, Angela. 1981. *Women, Race, and Class*. Nueva York: Random House.

De Gouges, Olympe. 2003. "Declaration of the Rights of Woman and the Female Citizen." En *The Evolution of International Human Rights: Visions Seen*, ed. Paul Gordon, 18-20. Filadelfia: University of Pennsylvania Press.

Diehl, Paula. 2017. "Why Do Right-Wing Populists Find So Much Appeal in Mass Media?" En *The Dahrendorf Forum*. https://www.dahrendorf-forum.eu/why-do-right-wing-populists-find-so-much-appeal-in-mass-media/

Dietze, Gabriele. 2019. "Why are women attracted to Right-Wing Populism? Emancipation Fatigue and Sexual Exceptionalism." En *Right-Wing Populism and Gender: European Perspectives and Beyond*, ed. Gabriele Dietze y Julia Roth, Bielefeld: Transcript. Próximo a publicarse .

Dietze, Gabriele. 2018. "Rechtspopulismus und Geschlecht. Paradox und Leitmotif" *Femina politica* 27, 34-46.

Dietze, Gabriele. 2017. *Sexualpolitik: Verflechtungen von Race und Gender*. Frankfurt: Campus, 17.

Dietze, Gabriele. 2016. "Das 'Ereignis' Köln.", *Femina Politica* 1, 93-102.

Dietze, Gabriele. 2016b. "Ethnosexismus: Sex-Mob-Narrative um die Kölner Sylvesternacht." *Movements. Journal for Critical Migration and Border Regime Studies* 2, núm. 1, 177-185.

Dietze, Gabriele. 2015. "Anti-Genderismus intersektional lesen." Zeitschrift für Medienwissenschaft 13, núm. 2, 125–127.

Dietze, Gabriele. 2013. *Weiße Frauen in Bewegung. Genealogien und Konkurrenzen von Race- und Genderpolitiken*. Bielefeld: Transcript.

Dos Santos, Sonia Beatriz. 2007. "Feminismo Negro Diaspórico." *Gênero* 8, núm. 1: 11-26.

Draper, Susana. 2018. "El Paro como Proceso: Construyendo Poéticas de un Nuevo Feminismo." En 8M: *Constelación Feminista. ¿Cuál es tu Huelga? ¿Cuál es tu Lucha?*, ed. Verónica Gago et al., 49-72, Buenos Aires: Tinta Limón.

DuBois, Ellen Carol. 2010. "Internationalizing Married Women's Nationality: The Hague Campaign of 1930." En *Globalizing Feminisms, 1789-1945*, ed. Karen Offen, 204-216, Londres: Routledge.

Duzán, María Jimena. 2018. *Santos. Paradojas de la paz y del poder*: Debate.

EleNão. 2018. International "Ele Não" Brazilian Women Against Facism - London. https://www.youtube.com/watch?v=0-lHCcBtIVs.

Espinoza, Marcia Vera y Leiza Brumat. 2018. "Brazil elections 2018: how will Bolsonaro's victory affect migration policy in Brazil and South America?" *LSE*. https://blogs.lse.ac.uk/latamcaribbean/2018/10/25/brazil-elections-2018-how-will-a-bolsonaro-victory-affect-migration-policy-in-brazil-and-beyond/.

Fagan Yellin, Jean. 1992. *Women and Sisters: The Antislavery Feminists in American Culture*. New Haven: Yale University Press.

Farris, Sara R. 2017. *In the Name of Women's Rights: The Rise of Femonationalism*. Durham: Duke University Press.

Farris, Sara R. 2012. "Femonationalism and the 'Regular' Army of Labor Called Migrant Women". *History of the Present: A journal of Critical History* 2, núm. 2. 184-199.

Ferrera, America. 2017. "America Ferrera speaks at Women's March on Washington." *CBS News*. https://www.youtube.com/watch?v=SpdgP-TUGFQw.

Fendlay, Cassady. 2019. Entrevista vía skype realizado por Julia Roth. 3 de Abril.

Fendlay, Cassady. 2018. Charla informal organizada por la Fundación Rosa-Luxemburgo en Berlín el 9 de marzo de 2018, notas de la autora y conversación con Cassady Fendlay y la autora el mismo día.

Fendlay, Cassady. 2018. Entrevista realizada por la Fundación Rosa Luxemburgo, Berlín, 13 de Marzo.

Francisco, Mônica. 2019. "Marielles Vermächtnis: Herausforderungen für den Schwarzen und intersektionalen Feminismus in Basilien." Ponencia presentada en la conferencia de la Fundación Rosa Luxemburgo, Berlín, 24 de Marzo.

Gago, Verónica et al. 2018. *8M: Constelación Feminista. ¿Cuál es tu huelga? ¿Cuál es tu lucha?*. Buenos Aires: Tinta Limón.

Gago, Verónica. 2018. "'#Nosotras Paramos': notas hacía una teoría política de la huelga feminista." En: *8M: Constelación Feminista. ¿Cuál es tu huelga? ¿Cuál es tu lucha?*, ed. Verónica Gago et al., 18-19, 22-23. Buenos Aires: Tinta Limón.

Gajanan, Mahita. 2016. "Melania Trump Says Donald's Comments in Leaked Video Were 'Boy Talk'", *Time* edición en línea, 17 de Octubre.

Gardels, Nathan. 2018. "Brazil: the latest domino to fall". *The Washington Post* edición en línea, 2 de Noviembre.

Gay, Roxane. 2018. *After the Start. Together We Rise: The Women's March. Behind the Scenes at the Protest Heard around the World.* Ed. The Women's March Organizers y Condé Nast. Nueva York: Harper Collins, 287-288.

Goldberg, Michelle. 2019. "The Heartbreak of the 2019 Women's March." *The New York Times* edición en línea, 18 de Enero.

GQ Brazil. 2018. "Antes de Trump, Bolsonaro já se referiu a imigrantes como "escória do mundo", *CQ Brazil* edición en línea, 16 de Enero.

Green, Erica L., Katie Benner y Robert Pear. 2018. "'Transgender' Could Be Defined Out of Existence Under Trump Administration." *The New York Times* edición en línea, 21 de Octubre.

Grzebalska, Weronika, Eszter Kováts y Andrea Petö. 2018. "Gender as symbolic glue: How ›gender‹ became an umbrella term for the rejection of the (neo)liberal order." *Luxemburg magazine*, 32-37. https://www.zeitschrift-luxemburg.de/lux/wp-content/uploads/2018/09/LUX_Breaking_Feminism_E-Paper.pdf

Gutsche, Elisa, ed. 2018. *Triumph of the Women? The Female Face of the Populist & Far Right in Europe*. Berlín : Fundación Friedrich Ebert.

Hark, Sabine y Paula-Irene Villa, Eds. 2015. *Anti-Genderismus. Sexualität und Geschlecht als Schauplätze aktueller politischer Auseinandersetzungen*. Bielefeld: Transcript.

Hark, Sabine y Paula-Irene Villa ed.. 2017. *Unterscheiden und herrschen. Ein Essay zu den ambivalenten Verflechtungen von Rassismus, Sexismus und Feminismus in der Gegenwart*. Bielefeld: Transcript.

Hearn, Jeff. 2011. "Neglected intersectionalities in studying men: Age(ing), virtuality, transnationality." En *Framing Intersectionality: Debates on a Multi-Facetted Concept in Gender Studies*, ed. Helma Lutz, Maria Teresa Herrera Vivar y Linda Supik, 89-104. Farnham: Ashgate.

Hess, Amanda. 2017. "How a Fractious Women's Movement Came to Lead the Left", *The New York Times* edición en línea, 7 de Febrero.

Hochschild, Arlie Russell. 2016. *Strangers in their Own Land. Anger and Mourning on the American Right*. Nueva York: The New Press.

Kaiser, Ann Jean. 2018. "'I don't see any reason for feminism': the women backing Brazil's Bolsonaro", *The Guardian* edición en línea, 14 de Octubre.

Kampwirth, Karen, 2010. "Introduction." En: *Gender and Populism in Latin America*, ed. Karen Kampwirth, 1-23. Pennsylvania: Pennsylvania State University Press.

Kampwirth, Karen. 2008. "Abortion, Antifeminism, and the Return of Daniel Ortega In Nicaragua, Leftist Politics?" *Latin American Perspectives* 35 (November), núm. 6, 122-136.

Käufer, Tobias. 2019. "Marielle Franco: Das Gesicht des Widerstands." *Frankfurter Rundschau* edición en línea, 19 de Febrero.

Kilomba, Grada 2019. "The Body as Political Tool." Kadist. https://kadist.org/program/the-body-as-a-political-tool/.

Kish Sklar, Kathryn. 2000. *Women's Rights Emerges within the Antislavery Movement: A Brief History with Documents*. Boston: Bedford, St. Martin's.

Korolczuk, Elżbieta y Agnieszka Graff. 2018. "Gender as 'Ebola from Brussels': The Anticolonial Frame and the Rise of Illiberal Populism." *Signs: Journal of Women in Culture and Society* 43, núm. 4, 797–821.

Krastev, Ivan. 2007. "The Populist Moment." *Critique and Humanism* 23, núm. 1: 103–108.

Kuhar, Roman and David Paternotte, ed. 2017. *Anti-gender Campaigns in Europe: Mobilizing against Equality*. Maryland: Rowman & Littlefield.

Lavina, Lena. 2017. "Populism has no side" *Open Democracy*. https://www.opendemocracy.net/en/democraciaabierta/populism-has-no-side/

Lang, Juliane. 2015. "Mehr als die ‚emotionale Kompetenz' der Partei. Mädchen und Frauen in der extremen Rechten." En: *Rechter Terror und Rechtsextremismus*, ed. Uwe Wenzel, Beate Rosenzweig, y Ulrich Eith, 53-74. Schwalbach: Wochenschau Verlag

Las Igualadas. 2018. "¿La ideología de género va a homosexualizar a los niños? - Las Igualadas y La Pulla." https://www.youtube.com/watch?time_continue=7&v=qQsv7mS2p8A

LaMalaFe. 2018. "Desmitificando la 'ideología de género' en Colombia." *LaMalaFe.* https://www.lamalafe.lat/desmitificando-la-ideologia-de-genero-en-colombia/

Laclau, Ernesto. 2005. *On Populist Reason*. Londres, Nueva York: Verso.

Lemons, Gary L. 2009. *Womanist Forefathers: Frederick Douglass and W.E.B. Du Bois*. Nueva York: Suny Press.

Lorey, Isabell. 2019. "'Nicht eine weniger': Die große feministische Streikwelle gegen il/liberale Politiken." Artículo no publicado.

Lorey, Isabell. 2019. "8M – The great feminist strike. Introduction." En *Transversal Texts*. https://transversal.at/blog/8m-the-great-feminist-strike

Lozano Rubello, Gabriela. 2019. "Contra todas las formas de violencia: La lucha de las mujeres Argentinas sigue." En *KajaNegra*. http://kajanegra.com/contra-todas-las-formas-de-violencia-la-lucha-de-las-mujeres-argentinas-sigue/

Lugones, Maria. 2010. "Toward a decolonial feminism." *Hypatia* 25, núm. 4: 742-749.

Maihofer, Andrea and Franziska Schutzbach. 2015. "Vom Antifeminismus zum AntiGenderismus. Eine zeitdiagnostische Betrachtung am Beispiel Schweiz." En *(Anti-) Genderismus. Sexualität und Geschlecht als Schauplätze aktueller politischer Auseinandersetzungen*, ed. Sabine Hark y Paula Irene Villa. Bielefeld: Transcript.

Mepschen, Paul and Jan Willem Duyvendak. 2012. "European sexual Nationalisms. The Culturalization of Citizenship and the sexual Politics of Belonging and Exclusion." *Perspectives on Europe* 42, núm. 1: 70-76.

McClintock, Anne. 1995. *Imperial Leather: Race, Class and Sexuality in the Colonial Context*. Nueva York: Routledge.

McLoughlin, Beth. 2019. "Brazil's Trump? A congressman with presidential ambitions is being compared to Donald Trump. Can he win?" *U.S. News* edición en línea, 19 de Enero.

Mitchell, Amy, Katarina Eva Matsa, Jeffrey Gottfried, Galen Stocking y Elizabeth Grieco. 2017. "Covering President Trump in a Polarized

Media Environment”. En *Pew Research Center. Journalism & Media.* http://www.journalism.org/2017/10/02/covering-president-trump-in-a-polarized-media-environment.

Mirza, Heidi. 2013. “‘A second skin’: Embodied intersectionality, transnationalism and narratives of identity and belonging among Muslim women in Britain.” *Women's Studies International Forum* 36 (January-February): 5-15.

Mokre, Monika y Birte Siim. 2013. “European public spheres and intersectionality.” En *Negotiating Gender and Diversity in an Emergent European Public Sphere*, ed. Birte Siim et al., 22-40. Viena: Palgrave Macmillan.

Molloy, David. 2018. “What is populism, and what does the term actually mean?”, *BBC News* edición en línea, 6 de Marzo.

Morrison, Matt. 2018. “Why are these women sticking with Trump?”, *BBC News* edición en línea, 18 de Enero.

Mouffe, Chantal. 2018. *Für einen linken Populismus*. Frankfurt: Edition Suhrkamp.

Moynagh, Maureen Anne. 2012. “Volume Introduction: Transnational Collaborations and Crosscurrents.” En *Documenting First Wave Feminisms. Volume I: Transnational Collaborations and Crosscurrents*, ed. Nancy Margaret Forestell y Maureen Anne Moynagh, 3-16. Toronto: UP of Toronto.

Mudde, Cass y Cristóbal Rovira Kaltwasser. 2017. *Populism: A Very Short Introduction*. Nueva York: Oxford University Press.

Mudde, Cas y Cristóbal Rovira Kaltwasser. 2013. “Exclusionary vs. Inclusionary Populism: Comparing Contemporary Europe and Latin America.” *Government and Opposition* 48, núm. 2: 147-174.

Mudde, Cas. 2004. “The Populist Zeitgeist.” *Government and Opposition* 39, núm. 4: 541-563.

Muzi, Carolina. 2018. “La historia del pañuelo verde: cómo surgió el emblema del nuevo feminismo en Argentina.” *InfoBae* edición en línea, 5 de Agosto.

Ninja, Mídia. 2018. "Gerechtigkeit für Marielle Franco." En *Amnistía Internacional.* https://www.amnesty.de/gerechtigkeit-fuer-marielle-franco

Obama, Barack. 2016. "Glamour Exclusive: President Barack Obama Says, "This Is What a Feminist Looks Like" *Glamour* edición en línea, 4 de Agosto.

Owen, Diana. 2018. "The New Media's Role in Politics", En *BBVA Open Mind.* https://www.bbvaopenmind.com/en/articles/the-new-media-s-role-in-politics/

Paris, Francesca. 2019. "Brazilian President Bolsonaro Withdraws From U.N. Compact On Migration", *NPR* edición en línea, 9 de Enero.

Pelinka, Anton. 2002. "Die FPÖ in der vergleichenden Parteienforschung. Zur typologischen Einordnung der Freiheitlichen Partei Österreichs." *Österreichische Zeitschrift für Politikwissenschaft* 31, núm. 3: 281–290.

Pelizzon, Sheila. 1998. "But can she spin? The decline in the social standing of women in the transition from feudalism to capitalism." Tesis doctoral, Universidad Estatal de Nueva York en Binghamton.

Pelizzon, Sheila. 2002. "Writing on Gender in World-Systems Perspective". En *The Modern/Colonial Capitalist World-System in the Twentieth Century*, ed. Ramón Grosfoguel y Ana Cervantes-Rodríguez, 212: Westport.

Perry, Keisha-Khan Y. 2009. "'The Groundings With My Sisters': Toward a Black Diasporic Feminist Agenda in the Americas." *The Scholar and Feminist* Online 7.2 (primavera). http://sfonline.barnard.edu/africana/perry_01.htm.

Petö, Andrea. 2018. "Without Remedy: Lessons Learned from a Gendered Analysis of the 2018 Hungarian General Elections." *Femina politica* 2, 152-158.

Phillips, Dom. 2018. "Bolsonaro to abolish human rights ministry in favour of family values", *The Guardian* edición en línea, 10 de Septiembre.

Poo, Ai-Jen. 2018. "A Woman's Work is Never Done (in a Democracy)." En *Together We Rise: The Women's March. Behind the Scenes at the Protest Heard around the World*, ed. The Women's March Organizers y Condé Nast, 69-72. Nueva York: HarperCollins.

Prandini Assis, Mariana y Ana Carolina Ogando. 2018. "Gender Ideology and the Brazilian Elections." En *Public Seminar*. http://www.publicseminar.org/2018/11/gender-ideology-and-the-brazilian-elections/.

Pratt, Mary Louise. 1992. *Imperial Eyes: Travel Writing and Transculturation*. Londres, Nueva York: Routledge.

Puar, Jasbir K. 2007. *Terrorist Assemblages: Homonationalism in Queer Times*. Durham, Londres: Duke University Press.

Pussyhat Project. 2020. "Pussyhat Project TM. Design interventions for social change." https://www.pussyhatproject.com

Randeria, Shalini. "1999. Jenseits von Soziologie und Soziokultureller Anthropologie: Zur Ortsbestimmung der Nichtwestlichen Welt in einer Zukünftigen Sozialtheorie," En *Soziale Welt* 50, núm. 1, 373-382.

Randeria, Shalini. 2006. "Entangled histories of uneven modernities: Civil society, caste solidarities and legal pluralism in post-colonial India." En *Civil Society – Berlin Perspectives*, ed. John Keane, 213-242, Nueva York: Berghahn.

Redecker, Eva von. 2017. "Vier Thesen zum Zusammenhang von Rechtspopulismus und Anti-Genderismus (und eine halbe zu deren Überwindung)." *CTB Critical Theory in Berlin*. http://criticaltheoryinberlin.de/wp-content/uploads/2017/04/Antigenderismus_4_Thesen.pdf

Reisigl, Martin. 2012. "Zur Kommunikativen Dimension des Rechtspopulismus." En: *Populismus. Herausforderung oder Gefahr für die Demokratie?*, ed. Sir Peter Ustinov Institut, 141–162. Wien: New Academic Press.

Resumen Latinoamericano. 2019. "Argentina. Resumen gremial y social. Llamamiento al paro feminista 8M 2019/ Crece la desigualdad en la Ciudad y aumenta la indigencia entre los menores de 15 años/ Panorama político-sindical: Inflación y despidos en ascenso (Más información).” http://www.resumenlatinoamericano.org/2019/03/03/argentina-resumen-gremial-y-social-llamamiento-al-paro-feminista-8m-2019-crece-la-desigualdad-en-la-ciudad-y-aumenta-la-indigencia-entre-los-menores-de-15-anos-panorama-politico-sindical-inflacio/

Rhodan, Maya. 2016. “President Obama at Women's Summit: This Is What a Feminist Looks Like.” *Time* edición en línea, 14 de Junio.

Roberts, Nigel. 2018. “Brazil’s New Racist President Has Anti-Black Agenda”, *News One* edición en línea, 29 de Octubre.

Roth, Benita. 2004. *Separate Roads to Feminism: Black, Chicana and White Feminists in America’s Second Wave*. Cambridge: Cambridge University Press.

Roth, Julia. 2019. “‘Manifiesto De Solidaridad Continental’ Alliances and Inequalities: Inter-American Feminist Networks 1840–1948.”, *Comparative American Studies* 14, núm. 3-4: 204-220.

Roth, Julia. 2018. “Feminism Otherwise: Intersectionality beyond Occidentalism.” *InterDisciplines* 2, 97-122.

Roth, Julia. 2017. “Feminist Politics of Connectedness in the Americas.” En Politics of Entanglements in the Americas, ed. Jochen Kemner, Olaf Kaltmeier y Lukas Rehm, 73-96. Trier: WVT.

Roth, Julia y Manuela Boatcă. 2016. “Staatsbürgerschaft, Gender und globale Ungleichheiten.” *Feministische Studien* 34, núm. 2: 189-206.

Roth, Julia. 2014. *Lateinamerikas koloniales Gedächtnis. Vom Ende der Ressourcen, so wie wir sie kennen*. Baden Baden: Nomos.

Roth, Julia. 2013. “Entangled Inequalities as Intersectionalities: Towards an Epistemic Sensibilization.”, *desiguALdades.net Working Paper Series* No. 43, Berlín.

Rowe-Finkbeiner, Kristin. 2018. *Together We Rise: The Women’s March. Behind the Scenes at the Protest Heard around the World*. Ed. The Women’s March Organizers y Condé Nast. Nueva York: HarperCollins.

Rubin, Gayle. 1984. “Thinking Sex: Notes for a Radical Theory of the Politics of Sexuality.” En *Pleasure and Danger: Exploring Female Sexuality*, ed. Carole S. Vance, 267-293. Londres: Pandora.

Salam, Maya. 2018. “They Challenged the Status Quo. On Tuesday, They’ll Find Out Who’s With Them.” *The New York Times* edición en línea, 2 de Noviembre.

Sauer, Birgit. 2017. “Gesellschaftstheoretische Überlegungen zum europäischen Rechtspopulismus. Zum Erklärungspotenzial der Kategorie Geschlecht.” *Politische Vierteljahresschrift* 58, núm. 1: 1-20.

Sauer, Birgit. 2013. “Intersectionality From Above – Framing Muslim Headscarves in European Policy Debates.” Ponencia presentada en la Conferencia general ECPR, Bordeaux, 4-7 de Septiembre.

Scott, Eugene. 2018. “Trump says he rejects feminism because he is ‘for everyone’” *The Washington Post* edición en línea, 28 de Enero.

Seeßlen, Georg. 2017. *Trump! POPulismus als Politik*. Berlin: Bertz + Fischer Verlag.

Senra, Ricardo. 2018. “Jair Bolsonaro: la verdadera identidad de la ‘brasileña negra y pobre’ del polémico video difundido por el candidato a la presidencia de Brasil.” *BBC News* Brazil edición en línea, 21 de Septiembre.

Shear, Michael D. and Maggie Haberman. 2019. “For Trump, Brazil’s President Is Like Looking in the Mirror.” *The New York Times* edición en línea, 19 de Marzo.

Shepherd, Verene. 2008. “Women and the Abolition Campaign in the African Atlantic.” *Journal of Caribbean History* 42, núm. 1: 131–53.

Shepherd, Verene. 2011. *Engendering Caribbean History: Cross-Cultural Perspectives*. Kingston: Ian Randle Publishers.

Shepherd, Verene, Barbara Bailey, y Bridget Brereton. 1995. *Engendering History: Caribbean Women in Historical Perspective*. Kingston: Ian Randle Publishers.

Shohat, Ella. 2006. *Taboo Memories: Diasporic Voices*. Durham y London: Duke University Press.

Sosa, Joseph Jay. 2019. "Subversive, Mother, Killjoy: Sexism against Dilma Rousseff and the Social Imaginary of Brazil's Rightward Turn." *Signs: Journal of Women in Culture and Society* 44, núm. 3: 717-741.

Spierings, Niels y Andrej Zaslove. 2015a. "Gendering the vote for populist radical-right parties." *Patterns of Prejudice* 49, núm. 1–2: 135–162.

Spierings, Niels y Andrej Zaslove. 2015b "Special issue: gender and populist radical right politics." *Patterns of Prejudice* 49, núm. 1–2: 1–173.

Spivak, Gayatri Chakravorty. 1989. En *Other Worlds: Essays in Cultural Politics*. Nueva York: Routledge.

Spivak, Gayatri Chakravorty. 1988. *Can the Subaltern Speak?*. Nueva York y Londres: Routledge.

Stanley Holten, Sandra. 2010. "To educate women into rebellion Elizabeth Cady Stanton and the creation of a transatlantic network of radical suffragists." En *Globalizing Feminisms*, 1789-1945, ed. Karen Offen, 36-50. London: Routledge.

Strick, Simon. 2019. "The Alternative Right, Masculinities, and Quotidian Affect." Artículo no publicado.

Stegemann, Bernd. 2017. *Das Gespenst des Populismus. Ein Essay zur politischen Dramaturgie*. Berlín: Theater der Zeit.

Süddeutsche Zeitung.2017. "Wie hält Trump es mit dem Glauben?", *Süddeutsche Zeitung* edición en línea, 21 de Mayo.

Suh, Krista. 2018. *Together We Rise: The Women's March. Behind the Scenes at the Protest Heard around the World*. ed. The Women's March Organizers y Condé Nast. Nueva York: HarperCollins, 57.

Taggart, P. 2000. *Populism*. Buckingham: Open University Press.

Telesur. 2018. "Bolsonaro Abolishes Human Rights Ministry For 'Family Values'", *Telesur English* edición en línea, 7 de Diciembre.

The Daily Mail. 2018. "Tropical Trump: The similarities between U.S. President and Brazil's far-right frontrunner." *The Daily Mail* edición en línea, 30 de Octubre.

The Women's March Organizers y Condé Nast. 2018. *Together We Rise: The Women's March. Behind the Scenes at the Protest Heard around the World.* Nueva York: Harper Collins.

Tisdall, Simon. 2018. "Donald Trump's war with the media has deadly implications." *The Guardian* edición en línea, 4 de Agosto.

Truth, Sojourner. 1851. "Ain't I a Woman". En *Wikisource.* https://en.wikisource.org/wiki/Ain't_I_a_Woman%3F

Uchoa, Pablo. 2018. "Jair Bolsonaro: Why Brazilian women are saying #NotHim." *BBC News* edición en línea, 21 de Septiembre.

Vargas, José Antonio. 2018. "How to be an Ally." En *Together We Rise: The Women's March. Behind the Scenes at the Protest Heard around the World*, ed. The Women's March Organizers y Condé Nast, 91-93. Nueva York: HarperCollins.

Varias autoras. 2017. *#NiUnaMenos. Vivxs nos queremos*. Buenos Aires: Milena Caserola.

Vacca, Celina. 2017. "Un nuevo lenguaje que invita a poner el cuerpo". En *#NiUnaMenos: Vivxs nos queremos*. Buenos Aires: Milena Caserola, 39-41.

Viveros Vigoya, Mara. 2013. "Movilidades y desigualdades espaciales y sociales en el contexto del multiculturalismo latinoamericano. Una lectura en clave de género." En *Espacios de género. Adlaf Congreso Anual 2012*, ed. Juliana Ströbele Gregor y Dörte Wollrad, 189-203. Buenos Aires: Nueva Sociedad, Fundación Friedrich Ebert, Adlaf.

Von Redecker, Eva. 2017. "Vier Thesen zum Zusammenhang von Rechtspopulismus und Anti-Genderismus (und eine halbe zu deren Überwindung)." *CTB Critical Theory in Berlin.* http://criticaltheoryinberlin.de/wp-content/uploads/2017/04/Antigenderismus_4_Thesen.pdf

Wade, Peter. 2009. *Race and Sex in Latin America.* Londres: Pluto Press.

Walters, Joanna. 2017. "What is Daca and who are the Dreamers?" *The Guardian* edición en línea, 14 de Septiembre.

Watson, Katy. 2018. "'Feminism is Sexist': The women backing Brazil's Bolsonaro", *BBC News* edición en línea, 23 de Octubre.

Wiegel, Gerd. 2018. "Holy Shit. Gender as a unifying theme for the Right". *Luxemburg. Gesellschaftsanalyse und politische Praxis*, 38-43. https://www.zeitschrift-luxemburg.de/holy-shit-gender-as-a-unifying-theme-for-the-right/

Wilson, Jamia. 2018. "Introduction." En *Together We Rise: The Women's March. Behind the Scenes at the Protest Heard around the World*, ed. The Women's March Organizers y Condé Nast, 13-16. Nueva York: HarperCollins.

Wollstonecraft, Mary. 2004. *A Vindication on the Rights of Women*. Nueva York: Penguin Classics.

Women´s March. 2019. "Women´s Agenda." En *Women´s March*. https://womensmarch.com/agenda

Worley, Will. 2017. "Donald Trump 'reduced Ivanka to tears' by refusing to apologise fully for 'grabbing women' comments." *The Independent* edición en línea, 2 de Mayo.

Yuval-Davis, Nira. 2007. "Intersectionality, Citizenship and Contemporary Politics of Belonging." *Critical review of International, Social and Political Philosophy* 10, núm. 4: 561–574.

Yuval-Davis, Nira, Georgie Wemyss, y Kathryn Cassidy. 2018. "Everyday Bordering, Belonging and the Reorientation of British Immigration Legislation." *Sociology* 52, núm. 2: 228-244.

Yuval-Davis, Nira. 1997. *Gender and Nation*. Londres: Sage.

Kendi, Ibram X. 2019. "The Day 'Shithole' Entered the Presidential Lexicon.", *The Atlantic* edición en línea, 13 de Enero.

Zakaria Fareed. 1997. "The Rise of Illiberal Democracy." *Foreign Affairs* 76, núm. 6: 22-43.

Zurcher, Anthony. 2018. "Why Donald Trump attacks the media" *BBC News* edición en línea, 21 de Julio.